Mobbing Laboral

Abuso del *Ius Variandi*

Relaciones

Medios Probatorios

Resumen:

El presente trabajo está dirigido al estudio e investigación del *Mobbing* o Acoso Laboral y su relación con la figura del abuso del *Ius Variandi* como alternativa para el inicio de una demanda de índole laboral. Ambos fenómenos serán analizados desde su concepción, que implica cada uno, de qué manera se manifiestan, cuales son los sujetos intervinientes, las consecuencias de sus prácticas en el ámbito laboral, social e intra familiar.

Que el convenio 190 de la OIT firmado por la Republica Argentina, comenzó a regir en el año 2021; motivo por el cual, la legislación nacional como asi también las de cada una de las provincias deberán adaptar sus legislaciones vigentes, tal es asi que el artículo 5 del Convenio 190 expresa que "con el objeto de prevenir y eliminar la violencia y el acoso en el mundo del trabajo, todo Miembro deberá respetar, promover y llevar a efecto los principios y derechos fundamentales en el trabajo, a saber, la libertad de asociación y el reconocimiento efectivo del derecho de negociación colectiva, la eliminación de todas las formas de trabajo forzoso u obligatorio, la abolición efectiva del trabajo infantil y la eliminación de la discriminación en materia de empleo y ocupación, así como fomentar el trabajo decente y seguro"

Otro aspecto a analizar será la falta de regulación específica del *Mobbing* en nuestra legislación nacional y se mencionaran las distintas leyes provinciales que han tratado la problemática que se desarrolla en el ámbito laboral; como así también se observará como responde la Jurisprudencia y la Doctrina respecto a dicho fenómeno en las relaciones laborales actuales.

También se analizarán los medios probatorios que deben inferir los profesionales del derecho al momento de entablar una demanda por Acoso Laboral, cuales son los aspectos más relevantes que se deben tener en cuenta y que implicancias procesales imperan respecto al abuso del *Ius Variandi* y al *Mobbing* Laboral. Finalmente se realizará una conclusión de la problemática planteada y sus posibles soluciones.

La finalidad del presente trabajo es responder a la pregunta: ¿En qué condiciones y bajo qué circunstancias existe el Acoso o *Mobbing* Laboral y si es posible jurídicamente entablar una demanda de *Mobbing* Laboral frente al abuso del *Ius Variandi*?

Palabras Claves: *Mobbing* Laboral – *Ius Variandi* – Abuso del *Ius Variandi* – Actividad Probatoria – Carga Dinámica de la Prueba.

Abstract:

The present work is directed to the study and investigation of the Mobbing or Labor Harassment and its relation with the figure of the abuse of the Ius Variandi like alternative for the beginning of a demand of labor nature. Both phenomena will be analyzed from their conception, which implies each one, in which way they manifest themselves, which are the intervening subjects, the consequences of their practices in the labor, social and intra-family environment.

That ILO Convention 190, signed by the Argentine Republic, began to take effect in 2021; For this reason, national legislation as well as those of each of the provinces must adapt their current legislation, so much so that Article 5 of Convention 190 states that "in order to prevent and eliminate violence and harassment in In the world of work, every Member shall respect, promote and fulfill the fundamental principles and rights at work, namely the freedom of association and the effective recognition of the right to collective bargaining, the elimination of all forms of forced labor or compulsory, the effective abolition of child labor and the elimination of discrimination in respect of employment and occupation, as well as promoting decent and safe work "

Another aspect to be analyzed will be the lack of specific Mobbing regulation in our national legislation and mention will be made of the different provincial laws that have dealt with the problem that develops in the workplace; as well as how the jurisprudence and the Doctrine responds to this phenomenon in current labor relations.

It will also analyze the evidence that should be inferred by legal professionals at the time of filing a lawsuit for Labor Harassment, which are the most important aspects that should be taken into account and that procedural implications prevail over the abuse of the Ius Variandi and Labor Mobbing. Finally, a conclusion of the problematic and its possible solutions will be made.

The purpose of this paper is to answer the question: Under what conditions and under what circumstances does Harassment or Labor Mobbing exist and is it legally possible to file a Labor Mobbing lawsuit against the abuse of the Ius Variandi?

Key Words: Labor Mobbing - Ius Variandi - Abuse of the Ius Variandi - Probatory Activity - Dynamic Load of the Test.

INDICE

INTRODUCCION 8
CAPITULO 1 11
MOBBING LABORAL 11
   1.1   Concepto y Consideraciones Generales: 11
   1.2   Sujetos Intervinientes: 14
       1.2.1   El Hostigador: 14
       1.2.2   Sujeto Pasivo o Victima: 16
   1.3   Tipologías de Mobbing: 17
   1.4 Fases del Mobbing o Acoso Laboral 19
   1.5 El tiempo de duración, controversias: 21
   1.6 Consecuencias del Mobbing: 22
   1.7 Marco Legal: 23
       1.7.1 Proyectos Legislativos 24
   1.8 Jurisprudencia Destacada Argentina: 26
   1.9 Análisis Preliminar: 29

CAPITULO II 32
IUS VARIANDI 32
   2.1 Concepto de Ius Variandi: 32
   2.2 Limites del Ius Variandi: 34
   2.3 Abuso del Ius Variandi: 35
   2.4 El Ius Variandi como medida sancionatoria y el consentimiento implícito 37
   2.5 Jurisprudencia destacada respecto al Ius Variandi: 38
   2.6 Conclusión Parcial: 41

CAPITULO III 44
ACTIVIDAD PROBATORIA 44
   3.1   Carga Dinámica de la Prueba 44
   3.2   Distinción entre Carga Dinámica Probatoria y mejor condición para probar .46
   3.3   El rol protagónico del juez 47

3.4 Jurisprudencia respecto a la aplicabilidad de la Carga Dinámica de la Prueba 48

3.5 La prueba del Mobbing Laboral y los actos de Discriminación 49

3.6 Medidas Probatorias en el Mobbing Laboral 51

    3.6.1 Colecta de Pruebas 51

    3.6.2 La Prueba Pericial Idónea 53

    3.6.3 La Prueba Testimonial 54

    3.6.4 La Prueba Documental 55

    3.6.5 El Daño psicológico como prueba distintiva del Mobbing Laboral 57

3.7 La prueba en el Abuso del Ius Variandi 59

    3.7.1 Despido Indirecto 59

    3.7.2 Restablecimiento de las condiciones laborales alteradas 60

3.8 Conclusión Preliminar 61

CONLUCIONES FINALES 63

BIBLIOGRAFIA 66

  1. DOCTRINA 66

  2. LEGISLACION 70

  3. JURISPRUDENCIA 71

  4. PAGINAS WEB 73

INTRODUCCION

El *Mobbing* o Acoso Laboral es un tema de mucha actualidad en nuestros días, marcado por la cada vez mayor cantidad de casos que se repiten en nuestras relaciones laborales. Este fenómeno afecta la integridad y la dignidad del trabajador en su faz espiritual afectándolo de manera negativa. Respecto al origen del término, señala Bustamante Casas, M., (2008) "el vocablo fue acuñado por Heinz Leyman quien en un Congreso de Higiene y Seguridad en 1990, utilizó el término para describir actos de violencia acaecidos en el ámbito laboral." (Párr.: 3°)

El tema es de vital importancia al ser un problema que no es ajeno a nuestra realidad, y se encuentra inmerso en un entorno laboral en el cual se vuelve algo cotidiano para la victima (muchas veces la persona no se da cuenta que está siendo víctima de acoso laboral)

El trabajo intentará esclarecer y dar respuesta al porqué, un profesional del derecho, ante el acoso laboral, prefiere iniciar una demanda de abuso de *Ius Variandi* y por que la creencia de que, ante la falta de regulación del *Mobbing* Laboral, es más factible y viable probar un acto de Abuso de *Ius Variandi* que desentrañar un acto de acoso en el ámbito del trabajo. Previo al inicio de la presente investigación, los legistas consultados manifestaron las dificultades probatorias que posee el *Mobbing* Laboral y ante la presencia del mismo, sus respuestas fueron iniciar una demanda de abuso de *Ius Variandi*, por una cuestión probatoria, ya que ven en el primero serias dificultades de realizarlas y no así en el abuso al principio de *Ius Variandi*.

En lo que respecta al tratamiento que le dan los profesionales del derecho, ante la presencia del acoso laboral, muchos optan por entablar una demanda por *Abuso del Ius Variandi*, principio legal establecido en la L.C.T., Ley 20.744, Art. 66[1]; hecho que atenta en desmedro de la víctima del *Mobbing* Laboral, ya que son dos figuras que son tratadas en forma distinta por nuestros juristas a la hora de dictar una sentencia laboral.

---

[1] Articulo sustituido por Art. 1° de la ley 26.088, B.O. 24/04/2006 (Fuente: http://servicios.infoleg.gob.ar/infolegInternet/anexos/25000-29999/25552/texact.htm)

Los objetivos que se propone en el presente Trabajo es el análisis de cuáles son las circunstancias que rodean al *Mobbing* Laboral y la relación que existe con el principio de abuso de *Ius* Variandi; la actividad probatoria que las diferencian y cuáles son las posibilidades jurídicas que tienen los profesionales del derecho al inicio de una demanda de abuso de *Ius Variandi* frente al acoso laboral. Como objetivos específicos se propone analizar qué ley regula el acoso laboral en nuestro país y cuáles son las circunstancias que lo rodean; analizar que se entiende por el principio de *Abuso de Ius Variandi,* cuáles son sus aspectos más sobresalientes y cuáles son los aspectos jurídicos que tienen en cuenta nuestros Tribunales Laborales Nacionales para dar solución al fenómeno del *Mobbing* Laboral. También se investigará cuales son las condiciones legales y probatorias que tienen los Abogados al momento de entablar una demanda de acoso laboral y las posibles implicancias.

Como hipótesis de trabajo es posible diferir que no es jurídicamente posible entablar una demanda de abuso de *Ius Variandi* frente al *Mobbing* Laboral, ya que son figuras distintas y cuya actividad probatoria está fundamentada de forma diferente frente a la tutela judicial de un trabajador. Por un lado, nos enfrentamos a una figura que carece de marco legal, pero que a pesar de ello, la Jurisprudencia y la Doctrina han ido delineando distintos aspectos que debemos tener en cuenta como profesionales del Derecho, al momento de entablar una demanda de Acoso Laboral. En otra arista, se encuentra el Principio consagrado en el Art. 66 de la L.C.T. referido a la facultad del empleador de modificar ciertos aspectos del contrato laboral, frente a sus trabajadores y cuáles son los actos que configurarían un Abuso del mismo; determinando la figura del *Abuso del Ius Variandi.*

La justificación y relevancia de la temática elegida está dada por los crecientes casos de *Mobbing* Laboral y su falta de regulación en la actualidad, como así también los efectos nocivos que repercuten en las victimas que sufren dichos actos por partes de sus superiores o los mismos compañeros de trabajo. Dicha problemática no distingue condición sexual y tanto hombres como mujeres pueden sufrir dicho trastorno, y que en muchos casos, las secuelas del mismo pueden perdurar en el tiempo, hasta llegar a producir cierto grado de incapacidad para trabajar o incluso intentos de suicidios de las víctimas.

El propósito de la investigación es analizar el fenómeno del *Mobbing* Laboral y su relación con el Principio del *Ius Variandi* y su abuso; las características principales de cada instituto, sus relaciones y diferencias, las normas que las regulan, como trata la Doctrina cada uno de estos conceptos, como analiza la Jurisprudencia la aplicación de estas figuras y cuáles son los proyectos de ley que intentan dar un marco legal al acoso en el ámbito laboral y la más completa información posible.

Dicha temática de investigación permitirá entender cuáles son las perspectivas actuales y avances de los mismos, con el objetivo de entender el *Mobbing* Laboral y su relación con la aplicación del abuso del *Ius Variandi*, en qué casos proceden cada uno y su interrelación. También se analizará la actividad probatoria que pueden desarrollar los profesionales del derecho al momento de entablar una demanda de acoso laboral o de abuso de *Ius Variandi* y cuales serian las consideraciones más relevantes para tener en cuenta en ambos casos.

Considerando todo lo expresado anteriormente, respecto a la problemática planteada, se expondrán algunas conclusiones finales, a las que se arribe y se intentarán algún tipo de solución.

CAPITULO 1
MOBBING LABORAL

Se estima conveniente comenzar en el presente capitulo el análisis de la primer temática planteada como es el *Mobbing* Laboral, y de esta manera crear un parangón con el abuso del *Ius Variandi*, por tal motivo analizaremos los conceptos generales que han sido construidos por la Doctrina y la Jurisprudencia desde sus comienzos, cuáles son sus orígenes conceptuales y su aparición doctrinaria en nuestro país. Analizaremos también aquellos aspectos generales que hacen a la formulación del fenómeno del Acoso Laboral y su vacío legal en la actualidad; se analizarán que sujetos intervienen en dicha problemática, que tipos de *Mobbing* se reconocen, las controversias respecto al tiempo de duración del fenómeno para un posterior reclamo judicial, las consecuencias psicológicas, intrafamiliares y sociales; el marco de legalidad actual y los proyectos de ley que intentan dar soluciones a dicha problemática y las respuestas jurisprudenciales y doctrinarias ante dicho fenómeno aquí planteado.

1.1 Concepto y Consideraciones Generales:

En una primera aproximación al fenómeno planteado, el Dr. Jaimes, Enzo D. (2017) expresa que: "El término *Mobbing* (del verbo ingles *to mob*, que significa "acosar, hostigar y acorralar en grupo") fue utilizado por primera vez, por el científico Heinz Leymann, para referirse al problema del *Mobbing*"(Párr. 30) referenciando su origen proveniente de la etología, ciencia que estudia el comportamiento de los animales y el humano; cuando la conducta defensiva de cierto grupo de animales atosigan en forma continuada a un enemigo común, generalmente de mayor tamaño. (Jaime, E.; 2017)

En al ámbito laboral, materia que nos ocupa, el concepto más específico nos lo otorga el Psicólogo Heinz Leymann (citado en *Legal.com.ar*, 2014) que lo definía como:

> Aquella situación en la que una persona ejerce una violencia psicológica externa, de forma sistemática y recurrente y durante un tiempo prolongado

sobre otra persona o personas en el lugar de trabajo con la finalidad de destruir las redes de comunicación de la víctima, perturbar el ejercicio de sus labores y lograr que finalmente esa persona acabe por abandonar el lugar de trabajo (Párr. 1º).

La terminología aplicada aparece a mitad del siglo pasado y fue entendido como cualquier limitación o violación directa o indirecta que rompiera con el principio de igualdad entre personas en el ámbito laboral que limitase determinadas libertades; por tal motivo, teniendo en cuenta la etimología de la palabra, todo acto de acoso, hostigamiento o maltrato psicológico que afecte directa o indirectamente a la dignidad, integridad psíquica o física del trabajador, como así también su afectación moral o social estaría abarcado por el *Mobbing* Laboral. (Bustamante Casas, M; 2008)

El *Mobbing* o Acoso Laboral tiene consecuencias negativas para las personas que lo padecen, como la depresión y angustia que se vinculan con las conductas despectivas de sus superiores o de sus propios compañeros. (Babugia, M., 2018)

Estaríamos de este modo ante la presencia de un fenómeno llamado "psicoterror", terminología utilizada por diversos autores, al referirse a todo acto de acoso moral que signifique una amenaza encubierta o humillación constante que transcurre un cierto tiempo padecido por un trabajador durante su jornada de labores. (Bustamante casas, M; 2008)

El psicoterror está caracterizado de esta manera como aquella situación que busca un deterioro psicológico de la victima a través de la utilización de medios intimidatorios, amedrentamientos y toda actitud que pretenda anularla intelectual y emocionalmente buscando que el trabajador termine abandonando su puesto laboral o solo por satisfacer necesidades del propio hostigador, como el control, placer o la agresión. Busca producir en la victima, mediante esas actitudes, infundir el miedo suficiente para anular cualquier tipo de acción (*psicoactiva.com*, s.f.)

El miedo, como un elemento preponderante del psicoterror, es la propia acción del hostigador, que produce en la victima su automática paralización, haciendo de ella una persona más vulnerable a cualquier ataque; creando algún tipo de angustia o trastorno de ansiedad que produce daños inmediatos y también de larga duración. Este miedo también trae aparejado, la paralización de los propios compañeros de trabajo, que temen ser nuevas víctimas del acosador. (Babugia, M; 2018)

A su vez, y adentrándonos en la temática que nos ocupa, el psicólogo Leyman realizo un cuestionario de 45 preguntas que permiten detectar cuando un trabajador está padeciendo una situación de acoso laboral, entre las cuales podemos citar los ataques verbales y críticas sobre el trabajo realizado, amenazas verbales por parte de los jefes o los mismos compañeros de trabajo, se la aísla, se la ignora, no se le asigna trabajo o se le asignan tareas inútiles o absurdas, o se le asignan tareas muy inferiores a su capacidad profesional, se la calumnia o ridiculiza, entre otros; lo principal que destaca es la búsqueda de anular a la persona en forma psicológica (*Legal.com.ar.*, 2014).

Dichas actitudes puede nacer por diversas causas, por un conflicto que genera rencor y perversidades por parte del autor hacia sus víctimas; en el cual se trata de una mente psicopática o psicópata que desplegada, manifiesta todo tipo de perversiones o que simplemente, sin tener algún motivo aparente, goza del sufrimiento ajeno. (Gonzales Pondal; 2011).

Dicha caracterización es fundamental, a los fines de la presente investigación, para distinguirlo de otros tipos de acosos o actos, como el acoso con carácter sexual o los actos de discriminación en el ámbito laboral; por tal motivo y de manera clara Gonzales Pondal, I. (2011) se expresa diciendo que el *Mobbing* Laboral pertenece al género acoso, y dentro del mismo, al psicológico; ya que se logra, de modo pleno consciente o semi inconsciente el "daño espiritual" de la víctima y que "ha venido a caer en las garras de un depredador de espíritus."

En todos los casos se destaca la personalidad psicópata del autor hacia su víctima o víctimas, por la simple motivación de desprecio hacia las cualidades de aquella.

1.2 Sujetos Intervinientes:

Como toda relación que se manifiesta en todos los ámbitos de nuestra sociedad, desde lo más simple hasta lo más complejo, podemos determinar que van a intervenir o interrelacionarse al menos dos sujetos:

Por un lado, el acosador u hostigador, llamado también *"Mobber"*, que generalmente detenta un poder jerárquico superior y que directamente realiza el ataque; y en el polo opuesto a la relación, encontramos a la víctima. Eventualmente pueden llegar a participar terceras personas, denominados *"Side Mobbers"*, que son los sujetos que sin realizar actos directos contra la víctima, consienten o prestan colaboración con el hostigador, por conveniencia, miedo o perversión. (Bustamante Casas, M.; 2008).

En todos los casos van a intervenir dos sujetos o grupos de personas, dentro de los cuales podremos distinguir 4 formas de acoso según la cantidad de intervinientes, así lo afirma Gonzales Pondal, I. (2011): "a) un acosador realiza actos hacia varias personas; b) varios acosadores realizan actos en contra de un sujeto; c) varias personas acosan hacia un conjunto de personas, y d) un sujeto realiza actos hacia una persona." (Párr.: 8°)

Es importante, llegado a este punto de la investigación, esclarecer y determinar cuáles son las características esenciales de ambos polos de la relación en forma individualizada, esto es el hostigador y el hostigado o víctima, para desarrollar una mejor visión del problema planteado.

Respecto a la relación de poder que detenta el hostigador, se volverá a su tratamiento en un posterior avance de la presente investigación.

1.2.1 El Hostigador:

Comencemos analizando al principal sujeto interviniente en el fenómeno aquí planteado, este es el hostigador o acosador, que tan magistral conceptualiza el psicólogo español Piñuel (2003) diciendo que:

> El acoso laboral tiene como objetivo intimidar, apocar, reducir, aplanar, amedrentar y consumir emocional e intelectualmente a la víctima, con vistas a eliminarla de la organización, o a satisfacer la necesidad insaciable de

agredir, controlar y destruir que suele presentar el hostigador, que aprovecha la oportunidad que le brinda la situación organizativa particular (reorganización, reducción de costes, burocratización, cambios vertiginosos, etc.) para canalizar una serie de impulsos y tendencias psicopáticas (p. 22)

En ocasiones no necesariamente el acosador, con sus maniobras destructivas, perseguirá que la victima abandone su puesto laboral, ya que la perversión le puede sugerir cualquier otra cosa; pero el daño que recibe la víctima o víctimas son irrecuperables en muchos casos y las consecuencias de dichos actos muchas veces perduran en el tiempo. Así lo afirmo González Pondal, T. (2011): "...lo esencial no es el número de personas que son atacadas o que reciben el ataque (aspecto o faz accidental), sino el modo de ataque, su finalidad y prolongación temporal" (Párr. 12º).

Estaríamos de esta manera en presencia de un sujeto particular, con características psicológicas especiales; se trata de una personalidad en su origen de carácter invasiva y destructiva, que acecha constantemente y busca de forma permanente grupos de victimas o victimas dentro de una empresa para poder infligir miedo con la única finalidad de sentir placer y poder. (Babugia, M.; 2018)

Otto Kernberg (citado en *psicoactiva.com*, s.f.) expresa que: "la megalomanía propia del narcisista obedece a fuertes sentimientos de envidia, miedo, privación y rabia; por lo que es recomendable que los hostigadores reciban ayuda psicológica, a fin de mejorar su salud emocional y prevenir el que sigan atacando a otros trabajadores" (Párr. 13)

Según Babugia, M. (2018), este acosador tiene características particulares y diferenciadas, que resultan de gran importancia identificarlas dentro de una empresa, ya que con el tiempo serán un foco de conflicto, y detectarlas en forma preventiva resultaría no solo beneficioso para la salud psicofísica de los trabajadores, sino también para la misma productividad empresaria y resguardo de un buen ambiente laboral.

En todos los casos, el hostigador tendrá una finalidad destructiva para con su/s victimas, ya que verá en ellos, sujetos con gran potencial de competencia por ser alguien aparentemente mejor, más capacitado o más inteligente; o simplemente más carismático en su proceder diario de labor.

1.2.2 Sujeto Pasivo o Victima:

El sujeto pasivo será cualquier trabajador, sin importar el tipo; en el cual se estigmatizará la idea de amenaza y competencia por un puesto laboral, o por ser más inteligente o con mayor capacidad de trabajo, etc. Suelen ser personas con elevada ética, honrados y rectos en su perfil, muy capacitados e inteligentes, destacan en su autonomía y empatía para con los demás y carismáticos, producto también de las relaciones afectivas que mantiene en su vida intra familiar. (*psicoactiva.com*, s.f.)

El afectado generalmente suele ser una persona psicológicamente sana e intelectualmente calificada para el puesto, que no ha tenido ninguna patología previa, pero que reacciona sublevándose ante los superiores que desarrollan conductas autoritarias o descalificantes para con él. El fin perseguido es generar en la victima es la idea de que es merecedora de dicho maltrato, logrando así quebrar el equilibrio interno y crítico de la misma. Esto conlleva al descenso intelectual del afectado que ante el hostigamiento y persecución diaria pierde gran porcentaje de eficacia intelectual, rendimiento y concentración (Bustamante Casas, M., 2008)

La primer manifestación del acto de *Mobbing* laboral es cuando la víctima es obligada a realizar tareas que van en contra de su voluntad o cuando se lo comienza a rotar de su lugar habitual de tareas; lo critican por lo que hace o le cuestionan la autonomía en sus decisiones de cómo realizar las tareas encomendadas; realizando así una presión psicológica sobre el mismo que finaliza en muchos casos con la firma de la renuncia del trabajador. (Babugia, M. 2018)

Es oportuno tener en consideración las consecuencias que se suelen asociar a las manifestaciones de Acoso en el ámbito laboral, repercutiendo tanto en la victima, sujeto principal y destinatario de las agresiones, como así también las consecuencias para la empresa en donde se desarrollan. La consecuencia directa que se suele manifestar en el afectado, en un principio, es la consulta a un profesional psicólogo, para buscar las respuestas espirituales necesarias para comprender lo que le está sucediendo en su ámbito laboral, para luego decidir estrategias de supervivencia o decidir renunciar al mismo. Otro resultante principal producido por el *Mobbing* es ser productor de estrés laboral que llega, en muchos casos, a cronificarce en forma de Síndrome de Burn-out (cuando la víctima no puede o no quiere abandonar su puesto de trabajo), e incluso es relativamente frecuente entre quienes han padecido *Mobbing* el desarrollo del denominado trastorno de estrés postraumático, un tipo de estrés crónico muy perjudicial, que se mantiene en el tiempo (estreslaboral.info, El Acoso Laboral o *Mobbing*, s.f.). Respecto a las consecuencias para la empresa, este tipo de acciones provoca que las tareas se desarrollen en un ambiente de clima hostil y con "aire" viciado para todos aquellos que integran la empresa que se trate, provocando la rotación constante de empleados, renuncias y las consecuencias económicas que trae aparejado este fenómeno, que atenta en desmedro de la propia empresa.

Por tal motivo es necesario, en el ámbito de la empresa, que se realicen evaluaciones psicológicas periódica tanto a los líderes de la organización como a sus empleados, para detectar aquellos casos que requieran tratamiento y de esta forma contribuir a un buen clima laboral. (*psicoactiva.com*, s.f.)

Es menester entonces en este punto de la investigación advertir que en definitiva se trata de dominar la voluntad del trabajador para obtener algún resultado, ya sea su renuncia y alejamiento del sector de trabajo, para someterlo a su voluntad, también estos actos por parte del acosador pueden obedecer al ejercicio despótico del poder o a una personalidad psicótica. (Muñoz Barda, G., 2014)

1.3 Tipologías de *Mobbing:*

Para una aproximación más pertinente respecto al *Mobbing* Laboral, es pertinente realizar una clasificación en base a los sujetos que se vinculan y sus relaciones laborales y en base a los objetivos perseguidos por el hostigador frente a su víctima. Dicha clasificación permitirá a los profesionales del Derecho, ante la consulta de un cliente en el estudio, comenzar a distinguir la problemática planteada y elaborar una estrategia ante el posible inicio de una demanda por Acoso en el ámbito laboral.

En consecuencia se puede encontrar diversas clasificaciones referidas al *Mobbing* Laboral; todas ellas fueron tratadas y analizadas principalmente desde la Psicología; sin embargo, en la investigación que nos interesa, y sin agotar las mismas, podemos citar que las principales son, según Jonathan García-Allen (s.f.):

a) *Acoso Laboral según la posición jerárquica:*

- *Mobbing* **horizontal:** se caracteriza por que el acosador y la victima se encuentran en el mismo rango jerárquico.
- *Mobbing* **vertical:** el acosador se encuentra en un nivel jerárquico superior a la víctima o se encuentra en un nivel inferior a esta.
- *Mobbing* **ascendente:** Ocurre cuando un empleado de nivel jerárquico superior es atacado por uno o varios de sus subordinados.
- *Mobbing* **descendente o *bossing*:** Ocurre cuando un empleado de nivel jerárquico inferior recibe acoso psicológico por parte de uno o varios empleados que ocupan posiciones superiores en la jerarquía de la empresa.

b) *Acoso Laboral según el objetivo:* en función de los objetivos que el hostigador pretenda conseguir con el *Mobbing*:

- *Mobbing* **estratégico:** se caracterizo por que el *Mobbing* forma parte de la estrategia de la empresa, y el objetivo suele ser que el acosado rescinda su contrato en forma voluntaria
- *Mobbing* **de dirección:** este tipo de *Mobbing* es llevado a cabo por la dirección de la organización, generalmente por varios motivos: para prescindir de un trabajador poco sumiso, para llegar a situaciones de esclavismo laboral o para acabar con un trabajador que no se ajusta a las expectativas del jefe (por ejemplo, por estar demasiado capacitado o para dejarle en evidencia).
- *Mobbing* **perverso:** El acoso laboral perverso hace referencia a un tipo de Mobbing que no tiene un objetivo laboral, sino que las causas se encuentran en la personalidad manipulativa y hostigadora del acosador.

➤ ***Mobbing* disciplinario:** Este tipo de Mobbing se emplea para que la persona acosada entienda que debe "entrar en el molde", porque si no lo hace será castigada. Pero con este tipo de acoso no solo se infunde miedo en las víctimas, sino que también advierte a los demás compañeros de lo que podría sucederles de actuar así, creando un clima laboral en el que nadie se atreve a llevar la contraria al superior.

(García-Allen, J; s.f.)

1.4 Fases del *Mobbing* o Acoso Laboral

Es oportuno también identificar las fases que comprende el *Mobbing* Laboral, para su detección temprana, ya que ayudarían por un lado a evitar la propagación de dicho flagelo y prevenir sus efectos, advirtiendo sobre todo a la víctima y a la organización en la cual desarrolla sus actividades; ya que de no identificarse a tiempo, podría traer aparejado la renuncia de la misma. (Babugia, M., 2018)

Para Piñuel, I., (2005) presenta 5 fases de duración variable en base a cada caso concreto:

a) <u>Fase de incidentes críticos</u>: se encuentra precedido por situaciones positiva que luego de una situación determinada, nacida en opiniones diferentes o malos entendidos entre víctima y hostigador toman un tono de mayor proporción y escalada. Destaca que su duración es de poco tiempo.

b) <u>Fase de acoso y estigmatización</u>: en esta fase, la víctima es estigmatizada como "maliciosa", procurando crear en ella el sentimiento de que no merece respeto por ser malvada o torpe. Es "elegida" por el hostigador y es sujeto de focalización periódica mediante comportamientos de hostilidad que en otro contexto no lo serian, o lo señalan frente a sus compañeros de trabajo; se da instrucciones de no comunicarse con el trabajador, se difunden chismes o calumnias malintencionadas, se lo tiene en vista como persona indigna de respeto o se estimula a que los demás trabajadores tomen la misma actitud. Estos comportamientos no son casuales, teniendo en cuenta la posible frecuencia y continuo ataque contra la víctima, que en muchos casos no hace nada por defenderse y que presentan una intención perversa del hostigador de perjudicarlo y afectarlo psicológicamente, aterrorizándolo y pretendiendo su exclusión. Aquí comienzan a vislumbrarse secuelas graves de carácter psíquico que repercuten en su desempeño laboral. El trabajador comienza a manifestar inseguridades de lo que hace, generando errores y lentitud y que lo llevan a pensar que es merecedor de dicho castigo por parte de quienes lo critican. Esto provoca lapsos de irritabilidad en la victima que producen incidentes críticos con sus compañeros de trabajo, producto de las agresiones sutiles del instigador, queriendo evidenciar mala actitud o problema psicológicos previos. Aquí aparece la propia culpabilidad de la victima que sirven de base para justificar al hostigador del mal desempeño de la víctima, efecto que ellos mismos han querido generar y consiguiendo presentar a la victima ante todos como torpe, incapaz o afectada psicológicamente y merecedora del castigo que recibe.

c) <u>Fase de intervención de la dirección</u>: se trata de organizaciones toxicas en donde reina situaciones la desorganización y caos, antagonismos personales y competitividad y en el cual todos se unen en contra de la víctima de Acoso Laboral. Encontramos en estas organizaciones otros casos de *Mobbing* anteriores, y cual chivo expiatorio, denotan un funcionamiento patológico de la organización. La intervención jerárquica en estos casos colocan el foco de atención en la victima acosada y no en el acosador, en donde la estigmatización del trabajador fue realizada momentos antes a su intervención, generando la falsa percepción de que es la victima la culpable y no el hostigador; la víctima es transformada en "oveja negra", en donde las investigaciones de los directivos suelen informarse tomando como referencia esas mismas estigmatizaciones creadas por el instigador y en donde se buscan supuestas características de la víctima y no en los factores tóxicos de la organización como la mala organización, ausencia de valores, falta de liderazgos, etc. Todo este mecanismo insano provoca una solución rápida y barata, que es la exclusión del trabajador, victimizándolo doblemente.

d) <u>Fase de solicitud de ayuda especializada externa y diagnostico incorrecto</u>: no es frecuente que el trabajador solicite ayuda psicológica en las primeras fases de *Mobbing* ya que desconoce lo que le está ocurriendo y solo recién acude a un especialista cuando el daño ya fue causado debido a distintas enfermedades. Dicho factor, sumado a que no son muchos los especialistas capaces de tratar el problema desde el origen organizacional y no de su personalidad, llevan a un diagnostico incorrecto o parcialmente adecuado, incrementando la confusión de la víctima al hacerlo responsable y victimizándolo. Dichos diagnósticos suelen ser asociados al estrés laboral, depresión, trastornos de ansiedad déficit de habilidades sociales, entre otros; que a la luz del *Mobbing* Laboral son incorrectos ya que restan importancia a los aspectos tóxicos laborales que lo causan y que forman parte de una agresión externa y no de la propia debilidad psicológica de la víctima. Esto refuerza aun más la estigmatización de la víctima, cuando esta información llega a la organización, creando la falsa personalidad patológica de causarlo todo debido a sus problemas psicológicos.

e) <u>Fase de salida o expulsión de la organización</u>: finalmente, llegado este punto, es dable verificar que todo está dispuesto para que la victima abandone su trabajo o sea despedido del mismo; esto se ha facilitado cuando en su origen no existían patologías que la hicieran hacer prescindir de ella. Si la victima opta por abandonar el trabajo, provoca en la misma la situación de paro definitivo; si se queda en la organización, soportando el acoso laboral, comienzan a tener déficit en su rendimiento y son pasibles de ser despedidas por bajar su productividad o por ausencias por causas de salud.

Como profesionales del derecho, planteada una situación de *Mobbing* Laboral en nuestro estudio, debemos distinguir en forma clara y precisa, ante que fase del fenómeno nos encontramos, ya que su detección temprana nos posibilitara reunir las herramientas necesarias para un asesoramiento correcto y elaborar una estrategia defensiva más adecuada a dicha situación.

1.5   El tiempo de duración, controversias:

Existe una gran controversia doctrinaria respecto al tiempo de duración del acoso laboral, ya que algunos autores hablan de un plazo mínimo de 6 meses de duración para que se desarrolle el acoso laboral y otra doctrina refiere a que no es necesario dicho periodo y que se debe analizar cada caso en concreto.

Si bien la duración en el tiempo es requisito importante para que quede configurado el *Mobbing*; no hay que determinar un plazo fijo; contrario a lo que estableció el Dr. Leyman cuando fijo los requisitos de violencia psicológica, en el cual refirió que debía darse en forma recurrente por lo menos una vez a la semana y con un plazo mínimo de 6 meses (Muñoz Barda, G. 2014)

Gonzales Pondal, I. (2011) realiza un análisis crítico respecto a lo que el Dr. Leyman determino en su estudio de Acoso Laboral en lo que respecta al carácter temporal de medición diciendo que las expresiones "al menos una vez a la semana" y "al menos durante seis meses" serian cuestiones estadísticas sujeta al método inductivo de comprobación, de aplicación a cierto grupo de personas determinadas. Esto último seria solo una cuestión de índole estadística, ya que lo más conveniente sería analizar cada caso en concreto.

Por este motivo, la Jurisprudencia ha expresado también, respecto al tiempo del acoso laboral que no es requisito imprescindible que la conducta se repita durante un tiempo mínimo de 6 meses (González Pondal, I, 2011); es así que en el fallo de la causa "Givone c. Aguas Danone Argentina"[2] en el cual, se dio lugar a la actora que demando a su empleador por acoso laboral, luego de reintegrarse a sus actividades laborales por el nacimiento de su hijo; el período de acoso laboral fue menor a 6 meses.

El convenio 190 de la OIT conceptualiza en el Art. 1°, apart. A) que: "*1. A efectos del presente Convenio: a) la expresión «violencia y acoso» en el mundo del trabajo designa un conjunto de comportamientos y prácticas inaceptables, o de amenazas de tales comportamientos y prácticas, ya sea que se manifiesten una sola vez o de manera repetida, que tengan por objeto, que causen o sean susceptibles de causar, un daño físico, psicológico, sexual o económico, e incluye la violencia y el acoso por razón de género,...*). Esto debiera entenderse como agotamiento de la acción un solo hecho para que configure una conducta que pueda ser catalogada como Violencia Laboral, pero no encuadraría dentro del concepto especifico de *Mobbing Laboral*, que es el análisis del presente trabajo.-

1.6   Consecuencias del *Mobbing:*

[2] Givone, Julieta Belén c. Aguas Danone Argentina S.A., Cámara Nacional de Apelaciones del Trabajo, Sala VII; 29/04/2009. Cita online: AR/JUR/12781/2009

Como resultado del acoso laboral, podemos obtener distintas consecuencias psicológicas que padecerá la víctima, y que en muchos casos perdurarán en el tiempo y que si no son tratados por especialista, las secuelas serán irrecuperables.

El Acoso laboral produce en las personas que lo experimentan una gran depresión y angustia que se originan en las conductas del acosador en forma de actos verbales o trato despectivo de sus mismos compañeros o de un órgano superior a este.

Son muy acertadas las consecuencias que detalla Abajo Olivares, F. y Casamayor, M., (2007) al referirse al *Mobbing* Laboral: En el ámbito personal, trae aparejado consecuencias en lo que respecta a la memoria; trastorno de ansiedad, aislamiento o trastorno del sueño, estrés crónico, afecciones físicas como lumbalgia o dolores musculares, entre otros. En el ámbito socio familiar también afecta los afectos personales como la irritabilidad que manifiesta la víctima, falta de afecto o interés hacia sus familiares, falta de deseo sexual o incluso puede provocar problemas de pareja. Y también consecuencias económica, ya que la victima tendera a incrementar las licencias por enfermedad, de larga duración en algunos casos, provocando los perjuicios económicos que esto lleva a nivel de ingreso o directamente al abandono del lugar de trabajo.

1.7   Marco Legal:

En la actualidad no existe una norma especifica que regule el acoso o *Mobbing* laboral en la República Argentina, pero se puede afirmar que el marco legal esta dado principalmente por nuestra Carta Magna en los Art. 19, 14 bis, y 75 inc. 22, respecto a la jerarquía constitucional que se les otorgo a los Tratados Internacionales en la reforma Constitucional de 1994. La Declaración Americana sobre Deberes y Derechos del Hombre, en su Art. 2°; la Declaración Universal de los Derechos Humanos, en los Arts. 2°, párr. 1° y 7°; Pacto Internacional de Derechos Económicos, Sociales y Culturales de las Naciones Unidas, en los arts. 2° y 7°; el Pacto de San José de Costa Rica en el Art. 1°; la Convención para la Eliminación de todas Formas de Discriminación contra la Mujer. Nuestra Ley de Contrato de Trabajo (Ley 20.744) en los Arts. 17, 68 y 81 sus concordantes, la nueva ley 26.485

para la protección integral de la mujer con la violencia en todos los ámbitos junto al Decreto 1.011/10 que la reglamenta, la Ley 23.592 de Actos Discriminatorios y en principio el nuevo Convenio 190 de la OIT.

En el resto del País encontramos leyes que han regulado la "Violencia Laboral", como la Ley 1225 de la Ciudad Autónoma de Buenos Aires; en la Provincia de Buenos Aires, Ley 13.168 con la modificación de la Ley 14.040; la Provincia de Corrientes la incorporo con la reforma constitucional del año 2007, en su artículo 28, párr. 2°; Entre Ríos regulo la Violencia Laboral en la Ley 9671; la Provincia de Misiones, ley 4.118; San Juan en la Ley 7.939; San Luis en la Ley I-0678-2009, la Provincia de Tucumán, Ley 7.232 y la Provincia de Santa Fe, Ley 12.434.

Esta última provincia a avanzado un poco más en el tratamiento del Acoso psicológico y prevé un sistema de protección a testigos y victimas de *Mobbing* en el ámbito laboral, basándose en los temores de denunciar un acto tan negativo que produce el acosador sindicado. (Babugia, M., 2018)

1.7.1 Proyectos Legislativos

Desde el año 2006 ingresaron al congreso nacional distintos proyectos de ley que intentan dar solución a tan marcado flagelo, denotando el interés del colectivo social y legislativo de dar soluciones definitivas a tan grave problemática, como es el fenómeno del *Mobbing* Laboral en la órbita tanto pública como privada, dando una solución definitiva con la regulación de una ley nacional que otorgue protección a cualquier persona que sea víctima de Acoso Laboral; avanzando de esta manera por sobre todo lo hecho hasta ahora por las distintas provincias que lo han regulado solo en el ámbito de la administración pública; pero sin lograr aún que ninguno de ellos se alcance en forma de sanción legal a nivel nacional.

En el año 2006 ingresaron diversos proyectos de ley que tratan de forma integral la figura del Acoso Laboral o incorporarla a leyes ya existentes, como la incorporación del Art. 158 Bis en el Código Penal, sobre "Delito de Acoso Laboral"; presentado por la Diputada Spatola en el Expte. 2146-D-2006[3], la incorporación del

---

[3] https://www.hcdn.gob.ar/proyectos/textoCompleto.jsp?exp=2146-D-2006&tipo=LEY.

Art. 142 Bis en la L.C.T. como extinción del contrato de trabajo por justa causa, presentado por el Diputado Nemirovsci, Expte. 2755-D-2006[4], o el proyecto de incorporación del Art. 81 Bis de los Derechos y Deberes de las partes, regulada en la ley 20.744, elaborado por el Diputado Bullrich, Expte. 2857-D-2006[5]; la Diputada Marino presentó un proyecto de ley integral que titula "Violencia Laboral", en Expte. 2910-D-2006[6], que en su Art. 1° expresa que dicha ley tiene por objeto "prevenir, controlar, sancionar y erradicar cualquier forma de violencia laboral" y seguidamente, en su Art. 2° establece el ámbito de aplicación a todas las relaciones laborales tanto del ámbito público como privado; o el proyecto presentado por las Diputadas Carrió y Rodríguez en Expte. 0296-D-2006[7], con el mismo tenor en sus fundamentos que el proyecto de ley descripto anteriormente (González, V., 2017).

Con posterioridad a los proyectos descriptos *up supra*, en la Cámara de Diputados ingresaron nuevos proyectos de ley que tratan el *Mobbing* Laboral, como el proyecto presentado por De Gennaro, del año 2014, Expte. 6837-D-2014[8], en el cual dicho proyecto regularía todo el espectro laboral, excluyendo únicamente a los miembros de las Fuerzas Armadas y de Seguridad; la Diputada Stolbizer ingreso también un proyecto de ley que regule la problemática aquí planteada, en Expte. 1688-D-2017[9], en el mismo año, el Diputado Weschler propuso incorporar un Art. 17 ter a la Ley de Contrato Laboral mediante Expte. 1590-D-2017[10], creando la figura del Acoso Laboral como forma especial de violencia ejercida en el ámbito del trabajo, como así también un proyecto integral que regule la violencia laboral en Expte. 5741-D-2017[11] en el cual también propone la creación del Observatorio Nacional de Violencia Laboral, que en colaboración con la OAVL, serian entre sus funciones "… la implementación de una política de incentivos a organismos estatales y/o empresas privadas, que realicen medidas tendientes a prevenir y erradicar la violencia laboral, promover la igualdad de derechos, oportunidades y

---

[4] https://www.hcdn.gob.ar/proyectos/textoCompleto.jsp?exp=2755-D-2006&tipo=LEY.
[5] https://www.hcdn.gob.ar/proyectos/textoCompleto.jsp?exp=2857-D-2006&tipo=LEY.
[6] https://www.hcdn.gob.ar/proyectos/textoCompleto.jsp?exp=2910-D-2006&tipo=LEY.
[7] https://www.hcdn.gob.ar/proyectos/textoCompleto.jsp?exp=0296-D-2006&tipo=LEY.
[8] https://www.hcdn.gob.ar/proyectos/textoCompleto.jsp?exp=6837-D-2014&tipo=LEY
[9] https://www.hcdn.gob.ar/proyectos/textoCompleto.jsp?exp=1688-D-2017&tipo=LEY
[10] https://www.hcdn.gob.ar/proyectos/textoCompleto.jsp?exp=1590-D-2017&tipo=LEY
[11] https://www.hcdn.gob.ar/proyectos/textoCompleto.jsp?exp=5741-D-2017&tipo=LEY

trato en el ámbito laboral" (Art. 7° del citado proyecto), y el último proyecto de ley ingresado al recinto de diputados el 12 de Abril de 2018, fue el presentado por el Diputado Di Stefano en Expte. 1958-D-2018[12] el cual crea el régimen general para sancionar el Acoso Laboral y propone mediante la misma, modificaciones al Código Penal Argentino y al Código Procesal de la Nación al cual remito para una mejor profundidad de dicho proyecto de ley.

Es de destacar la creación de la Oficina de Asesoramiento sobre Violencia Laboral (OAVL) organismo que fue creado en el año 2005 a través del Ministerio de Trabajo, Empleo y Seguridad Social para la recepción y asesoramiento sobre casos de violencia laboral, como así también, la elaboración de una base conceptual, empírica, legislativa y documental de interés, atendiendo las perspectivas locales, nacionales e internacionales en materia de violencia laboral,[13] al cual remito para una mayor profundización.

Según la OAVL, violencia laboral es "toda acción, omisión o comportamiento, destinado a provocar, directa o indirectamente, daño físico, psicológico o moral a un trabajador o trabajadora, sea como amenaza o acción consumada. La misma incluye violencia de género, acoso psicológico, moral y sexual en el trabajo, y puede provenir de niveles jerárquicos superiores, del mismo rango o inferiores".[14]

Actualmente, en la Argentina, el 11 de Noviembre de 2020, mediante Ley N° 27.580, nuestra Nación ratifico la vigencia del Convenio 190 SOBRE LA ELIMINACIÓN DE LA VIOLENCIA Y EL ACOSO EN EL MUNDO DEL TRABAJO.

1.8   Jurisprudencia Destacada Argentina:

Ya en el año 2005 la jurisprudencia argentina a conceptualizado el acoso o *Mobbing* laboral en el caso "Dufey, Rosario Beatriz v. Entretenimiento Patagonia SA", del Tribunal Superior de Justicia de Rio Negro, en voto del Dr. Lutz, el cual expreso:

---

[12] https://www.hcdn.gob.ar/proyectos/textoCompleto.jsp?exp=1958-D-2018&tipo=LEY
[13] https://www.argentina.gob.ar/trabajo/oavl
[14] https://www.argentina.gob.ar/trabajo/oavl/esviolencialaboral

Podemos definir el fenómeno del *Mobbing* como una conducta hostil o intimidatoria que se practica hacia un trabajador desde una posición jerárquica superior o desde un grupo de iguales hacia los que éste mantiene una subordinación de hecho. Dicha conducta hostil es reiterativa y persistente en el tiempo llegando a adoptar métodos de influencia muy diversos, que van desde la infravaloración de las capacidades del trabajador, hasta su desbordamiento por la asignación de tareas irrealizables, pasando por agresiones como la ocultación de información, la difamación o el trato vejatorio. El objeto del *Mobbing* es la adscripción de la conducta de la víctima a los intereses de la figura o figuras que lo ejercen, coincidente o no con los de la propia organización, llegando a provocar a su máximo nivel el vacío organizacional del acosado, con las lógicas consecuencias que ello comporta para su bienestar físico, psicológico y social, tanto dentro de la organización laboral como fuera de ella[15].

Anteriormente, la Cámara Laboral de Córdoba, Sala 10° del 11 de Noviembre de 2007 había dado lugar a la demanda por acoso moral en el caso "Llambir, María Elsa c/ Aguas Cordobesas S.A."[16], en el cual se vio violentado, (en voto del Dr. Toselli), el Art. 78, 1° Párr. de la Ley de Contrato de Trabajo, al no asignarle ocupación efectiva, de acuerdo a su calificación profesional y en el cual la prueba incorporada permitió tener por debidamente acreditada los extremos denunciados, como así también la vulneración al Art. 242 de la misma ley, en el cual el trabajador se diese despedido en forma indirecta. (Bustamante Casas, 2008).

También, en el caso B. V., C. G. c/ Soluciones Agrícolas SA y otros s/ despido, del año 2016, la Cámara Nacional de Apelaciones del Trabajo, Sala II, hizo lugar a la denunciante por una demanda de indemnización por Acoso Laboral, la misma se fundó en cuanto a que la actora se encontraba embarazada, y que al tomar conocimiento de esta situación su empleadora, ésta comenzó a realizar conductas negativas, desplegando su mala fe al utilizar acciones de acosos laboral,

---

[15] Dufey, Rosario Beatriz v. Entretenimiento Patagonia SA, Sup. Trib. Just. Río Negro, 6/4/2005, Cita Online: AR/JUR/1496/2005

[16] Llambir, María Elsa c/Aguas Cordobesas S.A., Cám. Laboral de Córdoba, sala X, 11/11/2004

discriminaciones y trato arbitrarios, como ser, fumar cerca de ella en el ambiente de trabajo o asignarles tareas impropias por su estado, como realizar levantar cajas de resma de papel, o dirigirse a ella mediante gritos o trato descortés; todo ello con el objeto de dañar la integridad psicológica de la víctima con la simple intención de que renunciara[17]

El avance de estudio que realiza la jurisprudencia sobre el *Mobbing* Laboral es tal, que incluso se ha comenzado a tratar la responsabilidad de la empresa por los actos de sus dependientes que realizan acoso en el ámbito laboral; respecto a esto último, debo citar el caso H., Y.A. c/ Telecom Argentina S.A. s/ despido del 31 de Mayo de 2017, en el cual la actora sufrió malos tratos, acoso y persecución por parte de su superior desde el inicio de su relación laboral. La demandada se agravio por considerar que no resultaron apreciadas las pruebas producidas y que no resultan suficientes ni temporáneas, como así también se agravia del pago de un resarcimiento extratarifario (integrando los conceptos de daño moral y material). En este caso, de las pruebas aportadas surge que ante la situación padecida por la Sra. H., la misma realizo una presentación formal en el sector Denuncias Internas (Auditoría) y resultando del sumario interno la desvinculación de la persona sindicada por la accionante de acoso laboral y discriminación. Motivo por el cual la accionada debió un resarcimiento económico en concepto de daño psicológico en oportunidad de la relación laboral que H. tenía con Telecom Argentina S.A.[18]

Otro caso jurisprudencial que muestra el avance que se ha logrado en materia de tutela frente al Acoso o *Mobbing* Laboral, es el análisis en materia de la actividad probatoria que realizo la Suprema Corte de Justicia de Mendoza en el caso Acevedo Cariglio, Claudia c/ Banco Suquía S.A.; en el cual el alto tribunal revirtió el fallo de Cámara Tercera del Trabajo del Trabajo de la Primera Circunscripción Judicial, la cual había rechazado la demanda por *Mobbing* Laboral por qué no fueron articuladas pruebas testimoniales y no había sido probado el nexo de causalidad entre la dolencia y las condiciones laborales. Sin embargo, la C.S.J.M. tuvo en

---

[17] B. V., C. G. c. Soluciones Agrícolas SA y otros s/ despido, Cámara Nacional de Apelaciones del Trabajo, Sala II, 2016, Cita Online: AR/JUR/63822/2016

[18] H., Y. A. c. Telecom Argentina S.A. s/ despido, Cámara Nacional de Apelaciones del Trabajo, Sala I, 31/05/2017. Cita Online: AR/JUR/38529/2017

consideración otras pruebas ofrecidas, como la documental y pericial que daban cuenta del estado de salud de la actora, la cual padecía síndrome depresivo, con ideas suicidas e intentos de suicidio, producto directo de la presión y agresiones de los estresores de origen laboral.[19]

También existen casos en los cuales no ha habido *Mobbing* Laboral, como el caso Herrán Vargas, Juan J. c/ Superintendencia de Riesgos del Trabajo (citado en Babugia, 2018), el cual la Cámara Nacional de Apelaciones del Trabajo, Sala I, "rechazo la demanda incoada toda vez que estimo que la "presión" generada por un cambio de autoridades no configuran hostigamiento." (p. 81)

Como puede apreciarse, a pesar de no existir una normativa específica para regular el Acoso Moral, la jurisprudencia fue tratando de dar respuestas a los distintos casos de Acoso o *Mobbing* laboral a través del tiempo, sin conseguir aun influenciar a nuestros legisladores en la necesidad de regular una normativa específica al fenómeno laboral estudiado.

1.9   Análisis Preliminar:

Podemos advertir que es común de estos casos de Acoso Laboral el daño en la salud del trabajador, principalmente se refieren al plano psicológico y psiquiátrico, como así también deficiencias en el sistema inmunológico, dermatitis, ulceras, etc. Muchos de estos daños pueden generar secuelas irreversibles en la victima, por tanto nos lleva a la necesidad de responder por dichos daños, tanto en la faz de cobertura medicas en procesos de *Mobbing*, como la indemnizatoria relacionada con las incapacidades que genera dicha conducta (Ramallo, Paoloni y Noble, 2017)

Es menester y pertinente también realizar aquí una distinción del *Mobbing* Laboral con otras figuras que si bien tienen consecuencias psicológicas en el trabajador, llevan a confusiones, no solo por la persona que lo padece, sino también por los legistas a la hora de entablar una demanda. Según Babugia (2018), las figuras a comparar son, el acoso sexual, el estrés laboral y el *burn-out*. Respecto al acoso sexual, el mismo refiere a un comportamiento de carácter sexual en donde

---

[19] Acevedo Cariglio, Claudia Graciela c. Banco Suquía S.A., Suprema Corte de Justicia de la Provincia de Mendoza, 28/11/2007. Cita Online: AR/JUR/9079/2007

generalmente la víctima es una mujer, en donde el trabajo se ha convertido en hostil y degradante, soportando insinuaciones o chistes de carácter sexual. Respecto al Estrés laboral, el *Mobbing* es una manifestación de ello, según la Comisión Europea (2000), (citado por Babugia, 2018), "...es un conjunto de reacciones emocionales cognitivas –fisiológicas y del comportamiento- a ciertos aspectos adversos del contenido de la organización o el entorno del trabajo" (p. 58). Por último, el *Burn-out* o síndrome del quemado, se trataría de un agotamiento emocional o desgaste profesional, destacando la despersonalización del trabajador, falta de identidad y motivación en la tarea que realiza.

En todos los casos, la figura del acosador está ligada al poder, entendido este como la facultad de constreñir la conducta del acosado. Al referirse a la conceptualización de la relación de poder y el acosador, Gonzales Pondal, I. (2011) expresa que nos hemos acostumbrado a que una persona que detenta el poder de mando y dar órdenes realiza actos de torpezas o indeseados; atropellos y maltratos a las personas como consecuencias de aquello o que se llegara a expresar que el acosador actúa así por que justamente tiene ese poder de realización. Pero lo hace, no porque tiene el poder para hacerlo sino porque actúa con lo que él llama un contra poder.

Y conceptualiza al contrapoder como el "libertinaje en movimiento" y es esto último lo que realizan las personas abusando de su poder.

Para el jurista Dr. Julio Armando Grisolia (citado por Babugia, 2018),

El *Mobbing* representa un abuso de poder y/o de autoridad, y debe ser diferenciado:

> ➢ Del ejercicio abusivo o arbitrario de poder de dirección del empleador (buscar por medios inadecuados un mayor aprovechamiento del trabajador)
> ➢ De problemas frecuentes en el trabajo (jefes exigentes, irascibles, compañeros molestos, exceso de trabajo, estrés, ambiente de trabajo conflictivo, discusiones, problemas puntuales de convivencia) (p. 67)

Respecto al ejercicio abusivo del poder de dirección del empleador, nos referimos al abuso del *Ius Variandi* toda vez que configura una facultad que excede los límites impuestos, en nuestra legislación, el Art. 66º de la L.C.T. y que será tratado en el capitulo siguiente.

Es atinente llegado este punto de análisis tener presente que el *Mobbing* Laboral es una conducta indeseable y nefasta en cualquier ámbito laboral, tanto para sus víctimas como para las organizaciones en las cuales se desarrolla, no solo por la creación y mantenimiento de ambientes laborales con hostilidad hacia los sujetos sindicados como víctimas, sino que en la faz económica de la empresa se manifiesta como un gasto innecesario al existir una constante rotación en sus puestos laborales, con lo que ello significa monetariamente hablando, como así también las consecuencias legales que se generan, luego de que el trabajador abandona mediante su renuncia y su posterior demanda laboral por despido indirecto.

Significaría un gran avance contar con un departamento de Recursos Humanos altamente capacitado, que pueda detectar aquellos casos de *Mobbing* o Acoso Laboral en el ámbito de la empresa, para anular y corregir determinados actos negativos y fomentar de algún modo el buen ambiente laboral.

CAPITULO II
IUS VARIANDI

En el presente capitulo se analizara el segundo concepto de la hipótesis planteada en el presente trabajo de investigación, ya que muchos legistas intentan relacionar el abuso del *Ius Variandi* con el Acoso Laboral, que ante este fenómeno, deciden iniciar una demanda por abuso al Art. 66 de la L.C.T., sacrificando muchas veces hechos y consecuencias que no quedan todas amparadas por el citado artículo ya que carecen de los argumentos indispensables por su difícil probanza y que traen como resultado una sentencia no siempre justa para la victima que lo padece. Esta comparación, para los profesionales consultados, sería la más acertada en vistas a un caso de *Mobbing* Laboral traído a sus estudios, toda vez que se trataría de la figura legal más semejante y les otorgaría también los elementos necesarios, pero no suficientes, para llevar adelante una demanda laboral que tenga en vista casi todas las implicancias de un caso por Acoso Laboral.

Es importante tener presente que ambos conceptos tratan una misma problemática desde ópticas distintas y que tal comparación se realiza ante, la todavía, falta de legislación específica a nivel nacional que regule el Mobbing o Acoso en el ámbito laboral de forma general. Por tal motivo se analizará el concepto de *Ius Variandi*, su abuso, sus límites y efectos y se analizarán casos jurisprudenciales referidos al mismo. Todo ello a la luz de lograr diferenciarlo del *Mobbing* Laboral y ensayar estrategias probatorias que también serán analizadas en el capítulo siguiente.

2.1   Concepto de *Ius Variandi*:

Podemos conceptualizar al *Ius Variandi*, En palabras de Jaimes, E. (2017): "…como: la potestad o facultad que adopta el empleador para efectuar cambios que resultan necesarios para modernizar y mejorar la producción que no requiere ni la consulta ni el consentimiento del trabajador." (Párr. 3°)

La atribución de modificar las modalidades y formas de organizar las tareas del empleador, respecto de sus subordinados se encuentran establecidas en los Arts. 64 y 65 de la L.C.T.[20], entendidas como un conjunto de potestades para la organización del sistema de producción de bienes y servicios. (Jaime, E., 2017). El Art. 64 consiente "facultades suficientes para organizar económica y técnicamente

---

[20] Ley 20.744, Ley de Contrato de Trabajo, Recuperado de: http://servicios.infoleg.gob.ar/infolegInternet/anexos/25000-29999/25552/texact.htm. Ultimo Ingreso: 05/06/2018.

la empresa, explotación o establecimiento"[21]; y el Art. 65 establece las facultades de dirección del empleador toda vez que "... deberán ejercitarse con carácter funcional, atendiendo a los fines de la empresa, a las exigencias de la producción, sin perjuicio de la preservación y mejora de los derechos personales y patrimoniales del trabajador"[22](Dattoli, D., 2019)

La facultad de organización estaría dada al empleador toda vez que es facultad del mismo establecer las modalidades y pautas generales para el desarrollo de las tareas mediante el dictado de un reglamento interno, por ejemplo; y la facultad de dirección seria la capacidad de dar órdenes e instrucciones impartidas a sus dependientes en torno a las maneras de trabajar, y de acuerdo a los fines de la empresa. (Dattoli, D., 2019). Es interesante establecer que esa facultad de dirección encuentra su fundamento en la naturaleza del contrato de trabajo, como derecho principal de la libertad empresarial, no derivada de la subordinación del dependiente, sino del propio contrato laboral en el cual se distinguen dos principios distintivos: la dirección y la subordinación, características lo distingue de otros contratos jurídicos. (Mangarelli, C., 2014)

Sachet, O. (2007) realiza una crítica respecto a la terminología utilizada y expresa que es correcto hablar de potestades y no de una facultad ya que la distinguiría del derecho subjetivo para la cual fue reconocida jurídicamente.

El empleador tiene diseñado de antemano el tipo de prestación que necesita su organización y los tiempos necesarios de desarrollo de cada actividad laboral, en conjunto con los Convenios Colectivos de Trabajo, los cuales determinan las categorías profesionales que los agrupa y qué tipo de retribución recibirá cada trabajador. Dadas las crecientes eventualidades empresarias a las que se deben adaptar según los tiempos que corren, se autoriza en ciertas circunstancias al empresario a variar algunas condiciones de trabajo en sus formas y contexto; pero estas últimas siempre y cuando respetando ciertos límites establecidos que son: a)

---

[21] Art. 64, Ley 20.744 de Contrato de Trabajo, Recuperado de: http://www.notarfor.com.ar/ley/contrato-de-trabajo-argentina/articulo-64.php. Ultimo Ingreso: 03/05/2019.

[22] Art. 65, Ley 20.744 de Contrato de Trabajo, recuperado de: http://servicios.infoleg.gob.ar/infolegInternet/anexos/25000-29999/25552/texact.htm, Último Ingreso 03/05/2019.

Una conducta irracional; b) no alterar las modalidades esenciales del contrato y c) no causar un perjuicio económico o psicológico al trabajador. (Mirolo, R., 2003)

Cabe advertir aquellas modificaciones que si puede realizar el empleador en el marco de un contrato laboral que no le significará ninguna consecuencia jurídica ni le provocará cometer delito alguno si tales elementos se refiere a cambios en la reestructuración horaria de tiempo de labores, si el dependiente es trasladado a otro sector de trabajo dentro del mismo establecimiento, si una nueva tarea está contenida dentro de la misma categoría laboral, como así también reestructurar equipos de trabajo o fijar nuevas normas técnicas de trabajo. (*iprofesional.com*, 2019)

2.2 Limites del *Ius Variandi:*

El Dr. Ackerman (2017) al referirse a las condiciones en el ejercicio del *Ius Variandi* los enuncia de forma clara: Ejercicio Razonable, entendido como la facultad de alterar las labores del trabajador solo en vista a necesidades empresariales y funcionales de esta. No alteración de modalidades esenciales del contrato, en el cual no se deben alterar las obligaciones a cargo del empleador ya que de lo contrario estaríamos frente a un nuevo contrato laboral; considerando que no impliquen perjuicios al trabajador. No afectación material ni moral del trabajador, traducido en que dada la modificación laboral, esta no infrinja un daño en el patrimonio o moral (daño psicológico) del empleado. Imposibilidad de utilizar el *Ius Variandi* como medida sancionatoria, las sanciones establecidas en la L.C.T. solo tienen por fin la de persuadir al trabajador al cumplimiento regular de sus labores, ya que nunca podría establecerse este tipo de prácticas a través del *Ius Variandi*, ya que la sanción es temporaria y no una alteración contractual como lo es el termino que aquí nos ocupa.

Dattoli, D. (2019) al referirse a los límites en el ejercicio razonable del *Ius Variandi*, expresa que la necesidad debe fundarse en la lógica empresarial de explotación y en miras del interés colectivo y no en un interés personal basado en caprichos o con propósito hostil de quien ejerce dicha facultad. Resalta que la novación dispuesta unilateralmente debe responder al principio de buena fe y de previsión del empleador.

El limite relativo a la prohibición de afectar la indemnidad del trabajador está relacionada con las modificaciones unilaterales y los perjuicio morales (psicológicos) o materiales del dependiente; toda vez que cualquier decisión de la patronal debe valorar si la misma obedece a un cambio real más favorable y si es positivo también para el trabajador desde el punto de vista moral o psicológico. Este daño (psicológico) tiene que ver con la alteración de las actividades de vida del dependiente fuera del horario laboral, por ejemplo, menos horas de descanso o si un cambio es de categoría en el cual deba realizar tareas que no le son propias o que no está capacitado. (Dattoli, D., 2019)

Es dable advertir que toda modificación en las condiciones esenciales del Contrato de Trabajo de forma unilateral e ilegal o no autorizada por el órgano de control realizada por el empleador, traerá aparejada la inevitable relación con el Abuso del *Ius Variandi*, y sus consecuencias negativas resultantes como el perjuicio moral y psicológico al trabajador; razón por la cual tendríamos una primera aproximación relacional con el *Mobbing* Laboral.

Es importante por tal motivo, realizar un análisis respecto al Abuso del *Ius Variandi* para determinar su relación y diferencia con el Acoso Laboral, para así ir entendiendo más los institutos que tratamos en la investigación.

2.3 Abuso del *Ius Variandi*:

La ley 20.744 de Contrato de Trabajo coloca un límite a la facultad discrecional del empleador, respecto al ejercicio del derecho de organización; es así como el Art. 66 de la citada Ley de Contrato de trabajo expresa:

> El empleador está facultado para introducir todos aquellos cambios relativos a la forma y modalidades de la prestación del trabajo, en tanto esos cambios no importen un ejercicio irrazonable de esa facultad, ni alteren modalidades esenciales del contrato, ni causen perjuicio material ni moral al trabajador.
> Cuando el empleador disponga medidas vedadas por este artículo, al trabajador le asistirá la posibilidad de optar por considerarse despedido sin

causa o accionar persiguiendo el restablecimiento de las condiciones alteradas. En este último supuesto la acción se substanciará por el procedimiento sumarísimo, no pudiéndose innovar en las condiciones y modalidades de trabajo, salvo que éstas sean generales para el establecimiento o sección, hasta que recaiga sentencia definitiva.[23]

Por lo tanto, cualquier alteración de las condiciones del contrato de trabajo solo puede estar justificada en base a aspectos no esenciales de este, evitando causar cualquier perjuicio material y/o moral al dependiente.[24] La facultad de variar el contrato de trabajo en forma unilateral por el empleador tendrá límites claros en los elementos esenciales del mismo, a saber, el salario, la jornada laboral y la jerarquía y que cualquier variación en ellas será prohibida y se considerara un abuso del *Ius Variandi* (Carro, 2013)

Incluso, toda modificación en los elementos esenciales del contrato, que fuesen ejercidos en forma razonable, pero afectando sus elementos estructurales, presume que causara algún daño al dependiente, esto es un daño psíquico o material. (Dattoli, D., 2019)

De la redacción del art. 66 de la L.C.T. se puede discernir inmediatamente, que los limites al ejercicio irrazonable y al perjuicio moral y material del trabajador estaría ligado no solo con el abuso del *Ius Variandi*, sino también con el *Mobbing Laboral*, ya que ambas figuran buscan tutelar toda aquella aflicción psicológica y moral sufrida por el trabajador en el ámbito de sus labores.

Llegado este punto, podremos advertir también que en base a lo expresado *ut supra*, cabria la posibilidad de intentar una demanda de abuso de *Ius Variandi* en reemplazo de los supuestos de Acosos en el ámbito laboral; pero se estima impertinente aún este intento de conclusión anticipada, ya que resta analizar la actividad probatoria a desarrollar por los legistas en una y otra figura.

---

[23] Art. 66°, Ley 20.744, Ley de Contrato de Trabajo (Artículo sustituido por el Art. 1° de la Ley 26.088, B.O. 24/04/2006) Recuperado de: http://servicios.infoleg.gob.ar/infolegInternet/anexos/25000-29999/25552/texact.htm. Ultimo Ingreso: 05/06/2018.

[24] Pereyra, Juan Ramón y otros v. Alicorp Argentina SCA s/acción sumarísima, Trib. Trab. La Matanza, nro. 1, 4/12/2013, Expte. 11574

2.4 El *Ius Variandi* como medida sancionatoria y el consentimiento implícito

El Art. 69[25] de la L.C.T. expresa que: "No podrán aplicarse sanciones disciplinarias que constituyan una modificación del contrato de trabajo", ya que su violación implicaría una modificación al contrato de trabajo; y de adoptarla el empleador, estaría utilizando una sanción vedada por nuestras leyes. (Grisolia, J., 2009) Los art. 67 y 68 del mismo cuerpo legal hace una enumeración taxativa de las medidas disciplinarias que puede adoptar el empresario con la finalidad de disuadir a sus dependientes para el cumplimiento regular de sus labores y nunca podría aplicarse este tipo de sanción utilizando el *Ius Variandi*, ya que las acciones disciplinarias son ejercidas limitadamente de forma temporal y con una finalidad distinta. (Jaimes, E. 2017).

Respecto al consentimiento implícito contenido en el Art. 58 de la L.C.T., expresa que el empleado debe manifestar su disconformidad de forma razonable y contemporánea a la voluntad del empleador de modificar las condiciones contractuales laborales ya que de otro modo atentaría contra el principio de obrar de buena fe del Art. 63 de la misma ley. Por este motivo, ahora, el empleado tiene el auxilio de dicha medida impugnativa, ante el abuso del *Ius Variandi* cometido por parte de su empleador, sin colocarse en riesgo de perder su fuente laboral, y mediante un procedimiento sumarísimo de efectos suspensivos, solicitando la reposición de las circunstancias alteradas en su contrato laboral, teniendo en miras en definitiva la preservación fundacional del acuerdo laboral. (Sachet, O., 2007)

El Dr. Sachet, O. (2007) realizó incluso un análisis muy profundo respecto al nuevo artículo 66 modificado, colocando en análisis las consecuencias que se refieren a la extinción del contrato como al consentimiento implícito del trabajador a aquellas modificaciones alteradas unilateralmente por el empleador. Dice el doctrinario que deberemos tener en cuenta, en principio, el Art. 10 de la L.C.T. y su interpretación, ya que el mismo se manifiesta a favor de la continuidad de la relación laboral en caso de duda; y de la articulación de los Art. 90 y 91 de la citada

---

[25] Art. 69, Ley 20744 de Contrato de Trabajo, Recuperado de: http://www.notarfor.com.ar/ley/contrato-de-trabajo-argentina/articulo-69.php, Ultimo Ingreso: 04/05/2019.

ley se desprende que se ha dado primacía al contrato por tiempo indeterminado, y hasta que el trabajador este en edad de ampararse a los beneficios previsionales; siendo la ruptura contractual una excepción de suma gravedad. El trabajador, con la mentada modificación, posee ahora más de una posibilidad de bregar por la continuidad originaria contractual, que deberá conciliarse con aquel deber de conservación que pesa por ambas partes.

2.5 Jurisprudencia destacada respecto al *Ius Variandi*:

El Art. 66 de la L.C.T. habilita al trabajador a solicitar mediante un procedimiento sumarísimo, el restablecimiento de las condiciones alteradas del contrato laboral cuando su empleadora ha ejercido un uso Abusivo del *Ius Variandi*. "Es decir, que se trata de una medida cautelar consagrada en una norma sustancial, que no requiere para su viabilidad los requisitos exigidos en las normas procesales (art. 230, CPCCN)"[26]

Expresa la Dra. Babugia, M. (2018) que, incluso, la actual redacción del nuevo Art. 66 en su 2° párrafo, modificado por ley 26.088 del año 2006, trajo aparejada una novedad respecto a las conductas que puede optar el trabajador cuando es víctima de conductas de hostigamiento o Abuso del *Ius Variandi* cometido por el empleador hacia su persona. Tendrá dos opciones cuando realicen cambios en las modalidades de trabajo; podrá optar por considerarse despedido sin justa causa u optar por solicitar el restablecimiento de las condiciones de trabajo alteradas. Expresa también, que dicha vía no es muy utilizada para los casos de *Mobbing*, pero la considera una herramienta muy útil para enfrentar aquellas conductas hostiles por parte del acosador; que "autoriza a solicitar una medida cautelar de no innovar que participa de las características de las cautelares en general" (Babugia, M., 2018, p. 105) debiendo la victima probar la veracidad del derecho conculcado y el peligro en la demora.

Respecto al daño moral, en el caso "Pereyra, Juan Ramón y otros v. Alicorp Argentina SCA", la alteración en las condiciones del contrato solo pueden estar

---

[26] Flechter, Marcelo Alejandro c/ Administración Federal de Ingresos Públicos [AFIP] s/juicio sumarísimo, C. Nac. Trab., sala 3ª, 30/11/2011, Boletín de Jurisprudencia de la C. Nac. Trab., RC J 1149/2012

relacionadas a cuestiones secundarias del mismo, en base a las necesidades de organización empresarial, "evitando causar cualquier tipo de perjuicio material y/o moral al dependiente"[27]

También es de destacar el caso "R., C. J. R. c/ V., C.d.C: y otros"[28] en el cual el demandado reclamó por la reducción de horarios de trabajo de 12 a 8 horas diarias, modificación que realizo la demandada y la rotación entre turnos diurnos y nocturno, provocando un perjuicio material violatorio del Art. 66 de la Ley de Contrato de Trabajo, con el agravio también de una imposibilidad física de prestar servicios en los horarios nocturnos.

Respecto al Principio de indemnidad, en el caso "Rigo, Graciela c/ Activa AFJP SA s/ despido"[29] el tribunal se expreso diciendo que el derecho que concede el art. 66 de la L.C.T. debe ser ejercido con razonabilidad, límite que se encuentra consignado en el art. 68 de la L.C.T. al establecer que se cuidará de satisfacer las exigencias de organización del trabajador y sus derechos patrimoniales, excluyendo toda forma de abuso de derecho. En dicho fallo se produjo la reducción del sueldo fijo del demandante y el tribunal considero injuria suficiente y un abuso del *Ius Variandi*.

El empleador tiene la obligación de respetar la integridad psicofísica de todos sus empleados dentro del establecimiento y/o mientras se encuentran cumpliendo sus tareas; como así también la de preservar la dignidad del trabajador cuyo fundamento se encuentra consagrado en el art. 14 bis de nuestra Constitución Nacional. Por tal motivo, el principal se encuentra no solo legitimado para tomar toda acción en preservar la integridad de sus dependientes, sino que es una exigencia derivada del principio de buena fe al buen empleador.[30]

En cuanto a las clausulas de aceptación anticipadas impresas en una solicitud de trabajo, en el cual el trabajador daba su consentimiento para ser

---

[27] Pereyra, Juan Ramón y otros v. Alicorp Argentina SCA s/acción sumarísima, Trib. Trab. La Matanza, nro. 1, 4/12/2013, Expte. 11574

[28] R., C. J. R. c. V., C. d. C. y otro s/ ordinario – despido, Cámara del Trabajo de Córdoba, Sala 4° Unipersonal, 20/04/2017. Cita Online: AR/JUR/37069/2017

[29] Rigo, Graciela c/ Activa AFJP SA s/ despido, Cámara Nacional de Apelaciones del Trabajo, Sala II, 09/10/1998, Cita Online: 70005974

[30] R., F. c/Cablevisión SA s/ despido; Cámara Nacional de Apelaciones del Trabajo, Sala II, 12/10/2007, Cita Online: AR/JUR/7450/2007

trasladado en un futuro, la jurisprudencia de la Cámara Nacional de Apelaciones del Trabajo, Sala II estableció que dicha circunstancia no es justificativo en la cual pueda ampararse de realizar un ejercicio del *Ius Variandi* a menos que se invoquen circunstancias de la justifiquen.[31]

Por último, para aclarar aun más las facultades que posee el empleador respecto a sus trabajadores en su capacidad organizativa de labores, hay que hacer referencia a la novación objetiva de las condiciones de trabajo, en la cual el mismo tribunal *ut supra* se pronuncio de la siguiente manera:

> Carece de validez el acuerdo mediante el cual las partes convinieron una reducción en la remuneración del trabajador, y una serie de modificaciones a su contrato laboral, entre ellas su lugar de trabajo, ya que no sólo se afectaron aspectos esenciales del contrato de trabajo, sino que el mismo tampoco fue homologado por la autoridad competente, sin que a ello obste el silencio del trabajador y el haber esperado a ser despedido para efectuar su reclamo, puesto que atento lo preceptuado por los arts. 256, 259 y 260 de la LCT (DT, t.o. 1976-238), no estaba obligado a hacerlo, máxime cuando el pago insuficiente de las obligaciones originadas en las relaciones de trabajo debe ser considerado como pago a cuenta del total adeudado, aunque se reciba sin reservas.[32]

2.6 Conclusión Parcial:

A lo largo del presente capitulo se ha analizado la figura de *Ius Variandi* y cuales con las características principales que encierran al mismo; se ha abordado la problemática del Abuso del Ius Variandi como actitud negativa del empleador en el poder de dirección de su empresa y su posible relación con los casos de *Mobbing Laboral* y hemos podido apreciar que dentro de las limitaciones que se establecen a

---

[31] Pelozo, Lidia c. Cleanco S.A., Cámara Nacional de Apelaciones del Trabajo, Sala II, 18/07/1997, Cita Online: AR/JUR/5963/1997

[32] García, Alberto Oscar c. Nestlé Argentina S.A. s/despido, Cámara Nacional de Apelaciones del Trabajo, Sala II, 18/12/2007, Cita Online: AR/JUR/9702/2007

la facultad de varias las condiciones de un contrato de trabajo de forma unilateral por parte del empleador, el 66 de la ley expone cuales son los limites, estos son el ejercicio irrazonable y causar un daño económico y psicológico a sus dependientes. Si se cruzaran dichas líneas, estaríamos ante un abuso del *Ius Variandi*.

Es aquí en donde ambas figuras se relacionarían y darían por cierta la hipótesis inicial del trabajo de investigación, toda vez que los casos de *Mobbing* Laboral encontrarían acogimiento legal en el mencionado abuso al Art. 66, fundamentalmente en lo que atañe a los perjuicios psicológicos que contienen ambas términos. Empero ambas figura tutelan la relación laboral entre empleador y dependiente, pero desde distintas perspectivas cognoscitivas; el Ius Variandi va a tutelar la faz objetiva de la relación laboral, ya que estará sujeta a la normativa establecida por la L.C.T. respecto a la materia y otorgando un marco legal coherente y completo; por otro lado tenemos el *Mobbing* o Acoso Laboral, que trata de tutelar la faz subjetiva de la misma relación laboral, figura que aun no ha sido enmarcada en una ley nacional, y que es de imperiosa necesidad, sobre todo por los momentos históricos que vivimos en nuestro País. A pesar de esto último, la Jurisprudencia ha ido regulando distintos aspecto de este fenómeno, que no es nuevo en nuestro territorio, pero que es necesario tutelar.

Se ha analizado el Art. 69, respecto de la prohibición de implementar el *Ius Variandi* como medida disciplinaria, medida que también se puede esperar de un hostigador o acosador en los casos de *Mobbing* Laboral, pero que no siempre es clara tal finalidad y siguen tratando la problemática desde distintos ángulos en una misma relación jurídica. También se ha tratado el consentimiento implícito y como el empleado debe manifestar su disconformidad de modo efectivo y contemporáneo, ya que de otro modo se vería afectado el principio de buena fe consagrado en el art. 63 de la L.C.T.

En el Abuso del Ius Variandi se puede inferir que el modus operandi seria la decisión del empleador en desmedro del empleado, teniendo en cuenta las modalidades y limites en la prestación del trabajo; no se trataría (en principio) de una acción de un "psicópata" u hostigador. "El empleador no tiene como finalidad generar un perjuicio al trabajador, lo genera por vulnerar los límites establecidos por la ley." (Jaimes, Enzo D., 2017).

Tanto el abuso del *Ius Variandi* como el *Mobbing* laboral generan daño en la persona. En el primero puede llegar a alterar a la persona en sí y a sus bienes, genera daño moral (por razones de familia, de salud) o material (en los supuestos en que el trabajador tenga otro empleo o lo afecte económicamente). En el segundo, genera daño psicológico y hasta incluso material, atento a que el acosador logra marginar a la víctima hasta llegar a que ésta abandone su puesto de trabajo. (Jaimes, Enzo D., 2017, Titulo XIV)

De los casos jurisprudenciales analizados, también se ha podido observar cuales son los limites que han impuestos los tribunales laborales al momento de acoger o no el Abuso del *Ius Variandi* y que fundamentos se tiene en miras para poder articularlo en una demanda laboral.

Por todo lo analizado, se estima pertinente, para llegar a una posible solución, analizar con énfasis en la actividad probatoria desplegada al momento de entablar una demanda por *Mobbing* Laboral, ya que la misma, de no ser coherente y correlativa corremos el riesgo de que la misma sea desestimada por los Tribunales Laborales.

Por este motivo, se propone un breve análisis de la actividad probatoria, que implica, que es la carga dinámica de la prueba; para así entender y/o comprender estrategias que serán de utilidad al momento de entablar una demanda por Acoso Laboral.

La relación que exista entre las pruebas aportadas y el objeto del litigio deberán tener estrecha relación, ya que deben expresar de forma clara la patología padecida y su origen; para poder vislumbrar a qué tipo de fenómeno nos referiremos, para luego colectar la mayor cantidad de pruebas adecuadas y convenientes para finalmente enmarcarlo en el marco jurídico adecuado (Babugia, M. (2018)

CAPITULO III
ACTIVIDAD PROBATORIA

Es menester analizar la actividad probatoria a desarrollar en el marco del Abuso del *Ius Variandi* y el *Mobbing* Laboral, para determinar los alcances que poseen cada uno, cuales son las características diferenciadoras a la hora de iniciar un demanda laboral y así distinguir pautas orientadoras al momento de recabar la información necesaria en lo que respecta a la colecta de pruebas. Para este punto de interés, vamos a considerar la avanzada que representa en materia procesal la moderna teoría de las pruebas Leviores o Carga dinámica de la Prueba.

Las cuestiones a analizar serán en forma general lo que expresa la Teoría de la Carga Dinámica de la Prueba y cuáles son sus características más sobresalientes al momento de plantear una estrategia procesal de índole laboral. Se analizarán algunos fallos jurisprudenciales referidos a dicha Teoría, como así también lo que expresa la Doctrina respecto a la aplicabilidad de la misma.

Se analizaran cuales son las actividades probatorias que se deberían tener en cuenta al momento de iniciar una demanda por *Mobbing* laboral y como se expresa la jurisprudencia y doctrina respecto a las mismas.

También se estudiaran los modelos jurisprudenciales que fueron enmarcando la prueba ofrecida en el caso del abuso del *Ius Variandi*, para que finalmente podamos llegar a una conclusión preliminar respecto de las pruebas aportadas al caso concreto en uno u otro caso.

3.1 Carga Dinámica de la Prueba

El principio general de la actividad probatoria determina que quien alega un hecho debe probarlo y tiene la obligación de arrimar al proceso todos los elementos probatorios con que se valga y acrediten su pretensión. En el otro extremo, lo que se llama la inversión de la carga probatoria; refiere a quien alega un hecho esta eximido de probarlo y es la demandada o contraparte quien debe aportar los elementos necesarios para desactivar las pretensiones y afirmaciones del actor, esto solo se presenta ante las presunciones. Respecto a esto último, la Doctrina mayoritaria se manifiesta pacíficamente, expresando que las presunciones provienen de las normas de fondo. Respecto al tema que nos ocupa, no estamos frente a una presunción ni ante una inversión de la carga probatoria; se denomina "carga dinámica de la prueba" al fenómeno por el cual debe aportar las pruebas aquella que este o se encuentre en mejor condición de aportarlas frente a la insuficiencia probatoria de la contrarias, que se valió por ejemplo de indicios. (De Diego, J., 2011).

Dicha teoría fue reafirmada por la Corte Suprema de Justicia de la Nación, en el fallo "Pellicori, Liliana Silvia c/ Colegio Público de Abogados de la Capital Federal"[33] de 2011; proceso en el cual la empleada fue despedida por ser portadora de HIV y la empleadora alego que lo desvinculaba por cuestiones de reestructuración, pero solo fue despedida la actora; con este fallo nuestro máximo tribunal sentó jurisprudencia respecto a la aplicabilidad de la carga dinámica ante los despidos laborales discriminatorios. (De Diego, J., 2011).

El Dr. Arece, M. (2012), afirma que debe aplicarse un sistema diferente de distribución en la responsabilidad probatoria; pero sin claudicar el sistema tradicional de carga probatoria, como así también anular el esfuerzo de los litigantes en la colecta de pruebas; anticipando su negativa opinión de aplicar el principio de carga probatoria dinámica.

Dicho principio, según algunos doctrinarios, rompería con la clásica premisa procesal que quien alega un hecho debe probar los extremos vertidos en la demanda y quien se defiende deberá desvirtuar las afirmaciones que el actor pretenda hacer valer en un juicio. (Arece, M., 2012)

Con la sanción del nuevo Código Civil y Comercial del año 2014 se incorpora en un cuerpo de derecho de fondo, cuestiones procesales como la carga probatoria dinámica para dar solución a cuestiones que antes debían ser dilucidadas por la jurisprudencia y la doctrina. (Romero, A., 2018)

El Art. 1734 del nuevo C.C.C.N. establece que la carga de la prueba de los factores de atribución y de las eximentes corresponde a quien las alega y que dicha directiva se encuentra concordada con el Art. 377, 2° párr. del C.P.C.C en cuanto dispone que cada parte debe probar el presupuesto de hecho de la norma que invoca como fundamento de su pretensión (Pawlowski de Pose, A., 2017)

---

[33] Pellicori, Liliana Silvia c/ Colegio Público de Abogados de la Capital Federal; C.S.J.N.; 15/11/2011; Fallo: 334:1387; Cita Online: AR/JUR/68958/2011

3.2 Distinción entre Carga Dinámica Probatoria y mejor condición para probar

En nuestro país ambos conceptos se lo utiliza como sinónimos, pero en realidad son distintos. La Teoría de la Carga Dinámica Probatoria se opondría al sistema tradicional argentino, basado en una distribución probatoria inmutable procesal. Se pretende así colocar en el rol del juez contar con las herramientas necesarias para flexibilizar y enriquecer la actividad probatoria y que los roles de actor y demandado varían según cada caso concreto, pero que bajo ninguna circunstancia se alteraría las posiciones de las partes en el proceso. Y debe adjudicarse la carga de probar a quien se encuentre en mejor posición, entendida como más eficiente para arrimarla al proceso. (Romero, A., 2018)

El tema del desplazamiento de la carga de la prueba hacia quien está en mejores condiciones de probar es de larga data, Bentham, a principios de siglo XIX, decía (citado en *fundesi.com.ar*, 2016): "la obligación (actualmente "carga") de exhibir la prueba en cada caso particular, debe ser impuesta a la parte que pueda hacerlo con menor inconveniente, esto es, con menos demora, menos vejaciones, y menos gastos" (párr. 2°)

En el proceso laboral, la misión es la ejecutividad del derecho sustantivo partiendo del desequilibrio en el nexo real que existe entre trabajador-empleado caracterizado por la dependencia del primero sobre el segundo. Por tal motivo, es entendible la protección del más débil, en este caso, del trabajador, ya que la desigualdad real radica en que una de las partes, el empleador, detenta todo el poder jurídico y económico, como así la información, documentación y medios que implican esa desigualdad, que va a ser corregida desde lo normativo, sustancial y procesal (Arece, M.; 2012)

3.3 El rol protagónico del juez

Siguiendo la doctrina desarrollada por la Dra. Romero, A. (2018), de la redacción del Art. 1735 del nuevo Código Civil y Comercial de la Nación se observa que:

...el juez puede distribuir la carga de la prueba (...) ponderando cual de las partes se halla en mejor situación para aportarla. Si el juez lo considera pertinente, durante el proceso debe comunicar a las partes que aplicara este criterio, de modo de permitir a los litigantes ofrecer y producir los elementos de convicción que hagan a su defensa.[34]

Surge del análisis de la norma, que se da la facultad al juez para distribuir la carga probatoria entre las partes y que la misma es potestativa de su uso. El juez deberá analizar cuáles de las partes se encuentra en mejores condiciones de "...acreditar la culpa prima facie imputado como responsable del hecho dañador o el cumplimiento de la diligencia debida" (Romero, A., 2018, p. 8)

En el caso de que el juez observe que hay desigualdades en la obtención de pruebas de las partes, podrá ordenar quien tendrá la carga probatoria según los conocimientos técnicos que son base de la litis. (Romero, A., 2018)

Esto último es criticado por parte de la doctrina también, ya que señalan que sería impertinente colaborar con la contraria, por que se forzaría a ser contraparte de uno mismo y esto atentaría contra el derecho de defensa y seguridad jurídica. (Romero, A, 2018)

Es atinente tener en cuenta que los principios que rigen el proceso en general, como igualdad procesal, independencia e imparcialidad, predominan también en el ámbito del proceso laboral. Pero en la propia esfera del trabajo se dirige a lograr una igualdad real de oportunidades de las partes que se traduce en un trato desigual a favor de la parte más débil, en este caso el trabajador. Por este motivo, se dice que el juez laboral abandona la neutralidad procesal que distingue a todo juez imparcial; para lograr una igualdad sustancial y real. Esta imparcialidad encuentra fundamento en las normas de fondo a partir de la enunciación del Art. 14bis de nuestra Constitución Nacional a través del cual el trabajo en sus diversas formas gozará de protección tanto legal como procesal (Arece, M; 2012)

Así también, debemos tener presente la aplicabilidad del nuevo Art. 9 de la L.C.T.; restableciendo el principio *indubio pro operario* y el Art. 17 Bis de la misma

---

[34] Art. 1735, Código Civil y Comercial de la Nación, Recuperado de: http://www.notarfor.com.ar/codigo-civil-comercial-unificado/articulo-1735.php. Ultimo Ingreso: 17/05/2019

ley laboral, en cuanto orienta la aplicabilidad de las normas de fondo y forma, ya que en caso de duda se traslada la actividad probatoria al empleador, que es quien se encuentra en mejores condiciones profesionales de aportarlas. (Arece, M., 2012).

Es dable advertir que dicha interpretación del Principio Protectorio a favor del trabajador debe cumplir ciertas pautas restrictivas según el Dr. Arece, esto es la buena fe procesal que debe primar en todo proceso y abstenerse del abuso de negativas de afirmaciones y negativas genéricas, sin aclarar los hechos reales; otra pauta a tener en cuenta es que ante la duda de los hechos, no significa que el actor no pueda producir dichas prueba, ya que si estuvo a su alcance producirlas, debió aportarlas; aquí no hay que perder de vista que el tribunal no puede suplir la ausencia de prueba; sino que la regla es la suficiencia de pruebas favorables. Finalmente, esta regla procesal opera cuando no hay elementos suficientes de forma clara o convincente, pero que sin embargo tienen la entidad propia para producir la intima convicción del juzgador sobre la verdad real de los hechos afirmados (Arece M., 2012)

3.4 Jurisprudencia respecto a la aplicabilidad de la Carga Dinámica de la Prueba

Por todo lo explicado precedentemente, es de entender la aplicabilidad de la Teoría de la Carga Dinámica de la Prueba en el Ámbito Laboral y sobre todo en los casos que aquí nos ocupa como la opción jurídica más conveniente con una realidad y justicia laboral coherente. La jurisprudencia Argentina fue realizando distintas apreciaciones respecto a la aplicabilidad de la Teoría de las pruebas leviores en distintos fallos que es interesante destacar aquí.

En el caso "Figueredo González, Simón c. Celupaper SA y otro s/accidente-acción civil" en el cual, la CNT entendió que, según Pawlowski de Pose, A. (2017),

> ...ante los siniestros laborales en que se ejerciten acciones de responsabilidad subjetiva, las aseguradoras no pueden limitar su derecho de defensa a la sola negación de lo manifestado por el trabajador sino que deben, por el contrario, adoptar una postura activa en materia probatoria

demostrando que realizaron acciones concretas de prevención para evitar daños (párr. 7)

Así también, en sendos casos jurisprudenciales, la justicia ha intervenido en casos de discriminación y posterior despido del trabajador, como es el caso de "L., D. A. y otros c. El Rápido Argentino S.A. s/sumarísimo"[35] en el cual CNAT, Sala VII, en donde la empresa de transporte despidió a varios de sus empleados fundado en una reestructuración interna. Los trabajadores iniciaron demanda contra la empresa por que entendieron que su despido había sido discriminatorio por su condición de activistas y miembros de una delegación gremial. La Cámara entendió que el despido fue por la actividad gremial que desarrollaba y no por reestructuración empresarial y colocó en cabeza del empleador la carga de acreditar que no hubo discriminación y ello no ocurrió.

3.5 La prueba del *Mobbing* Laboral y los actos de Discriminación

Respecto a los actos de discriminación, Gabet, E. (2012) expresa que cuando el trabajador expresa o se agravia ser víctima de un acto discriminatorio en el momento de su extinción laboral, debe acreditar dichos extremos con los hechos que dan fundamento a su pretensión. El inconveniente estaría dado por la dificultad de incorporar dichos elementos probatorios que acrediten de forma fehaciente aquel trato discriminatorio.

Se trata en especial los casos de discriminación, ya que la distinguida jurista Estela Milagros Ferreiros (citada por Babugia, M; 2018) define al *Mobbing* de la siguiente manera:

> "He tenido oportunidad de señalar que el más claro ejemplo de violencia laboral es que surge de la discriminación como forma de lograr que otro cambie lo que no puede o no tiene por qué cambiar... En rigor de verdad, se trata de distintas formas de discriminación hostil que van desde el acorralamiento paulatino constituido por pequeños actos descalificantes" (p. 23)

---

[35] L., D. A. y otros c. El Rápido Argentino S.A. s/sumarísimo; Cámara Nacional de Apelaciones del Trabajo, Sala VII; Editorial La Ley Online; 13/09/2011; Cita Online: AR/JUR/57123/2011

Surgiría así que el Acoso Laboral estaría constituido por actos de discriminación, entendido esto como relación intima del *Mobbing* con el acto de discriminar de forma implícita; y encontraría amparo en la Ley 23.592[36] antidiscriminatoria. Esta afirmación nos llevaría a la conclusión de que todo acto de acoso en el trabajo conlleva un acto discriminatorio en su fuero interno; pero el *Mobbing* no será entendido muchas veces de ésta forma, dejando la más amplia impunidad al acosador en muchos casos; ya que son dos fenómenos distintos. (Babugia, M., 2018)

La discriminación configura una situación desfavorable de un individuo sobre todo por su condición social, religiosas, nacionalidad, sexo condición social ideas políticas o sindicales, etc. Así lo expresa el Art. 1º de la ley citada, en su segundo párrafo: "A los efectos del presente artículo se considerarán particularmente los actos u omisiones discriminatorios determinados por motivos tales como raza, religión, nacionalidad, ideología, opinión política o gremial, sexo, posición económica, condición social o caracteres físicos." (Art. 1º, párr. 2º; Ley 23.592)

Vemos en el espíritu de la ley antidiscriminatoria, que los actos no serian taxativos, ya que por acto discriminatorio, en su origen describirían aquellos actos que recaen sobre la persona que es diferente a las demás, por tener particularidades que la hacen diferente al resto y que de esta manera se la estigmatiza por ser diferente.

La Dra. Babugia, M. (2018) expresa que los actos de discriminación que podrían configurar un acto de Acoso Laboral son de difícil probanza y compleja, por esta razón la Doctrina entendió que debe tenerse en cuenta un haz de indicio y sostiene que debe ser el empleador el que demuestre una razón distinta a su accionar, que lo desvincule de él; excluyendo la violación a la dignidad personal o discriminatoria.

Con todo lo expresado es importante tener presente que ante la falta de un marco normativo referido al *Mobbing*, debe tenerse en cuenta ciertos aspectos que se relacionan directamente con la prueba, conocer el tipo de daño sufrido por la

---

[36] Ley 23.592; Honorable Cámara de Senadores y Diputados de la Nación; 03/08/1988.

victima es importante para así probar el nexo de causalidad; que tipos de conductas fueron abusivas y si resultan significativas a la luz del Acoso Laboral.

Por tal motivo, ingresaremos al análisis de aquellas consideraciones que deberemos tener presente cuando sospechemos que estamos frente a un caso de *Mobbing* Laboral o frente al Abuso del *Ius Variandi*, que es el motivo de nuestra investigación.

3.6   Medidas Probatorias en el *Mobbing* Laboral

Siguiendo la doctrina le la Dr. Babugia, M. (2018), el tema en análisis es compleja la modalidad de violencia descargada sobre la víctima, como así es también compleja la colecta de pruebas y la utilización de los medios probatorios a utilizar en un proceso judicial, toda vez que la víctima se encuentra en un escenario que no logra distinguir la agresión o que se ve menoscabado en sus aptitudes psicológicas producto de la violencia sufrida.

Por tal motivo habrá que distinguir en qué momento se llevarán a cabo la colecta de pruebas; si el trabajador se encuentra todavía en relación de dependencia o por el contrario, si ya ha renunciado o ha sido despedido de la empresa. De distinguir dicha situación, será la estrategia del legista en proponer que tipos de pruebas colectar. (Babugia, M., 2018)

3.6.1 Colecta de Pruebas

Respecto al punto en cuestión, la prueba que han de servir para el inicio de una demanda por *Mobbing* Laboral deben ser contundentes, más aún si consideramos que hay un gran desconocimiento social y su consecuencias; por tal motivo se debe distinguir si la victima esta aun trabajando y compartiendo tiempo de labores con su agresor o por el contrario, si ya ha renunciado al mismo. Si la víctima no ha renunciado aún, se le deberá aconsejar que asista a un psicólogo para que dicho profesional lo guie en la problemática que está padeciendo; y el operador jurídico que lo asista deberá aconsejar que renuncie a responder con más violencia y que actué con más precauciones de las llevadas hasta ese momento; deberá concentrarse en colectar todo tipo de prueba escrita, como correos electrónicos, memorándum, ordenes escritas, etc.; que sean de utilidad para el inicio de una futura demanda laboral. (Babugia, M., 2018)

Debe demostrarse dos elementos; el primero de carácter subjetivo, que es la finalidad de hacer daño por parte del acosador y el elemento objetivo que es en definitiva la causación de ese daño en el mundo exterior, ambos elementos enlazados en un nexo de causalidad adecuado. (Babugia, M., 2018)

Distinguir frente a qué tipo de Violencia laboral describa el trabajador, permitirá deducir que tipo de pruebas serán las más adecuadas como material probatorio; si se trata de un *Mobbing*, estratégico, disciplinario o de dirección, la prueba escrita será la principal, como puede ser una sanción disciplinaria reiterada por motivos simulados o inexistentes. Aquí el mismo trabajador podrá impugnar dicha sanción, según la forma legal establecida de la misma. (Babugia, M., 2018)

Donde existiría mayores inconvenientes en obtener medios probatorios, según Babugia, M. (2018) seria en lo que se llama el *Mobbing* Perverso debido a la astucia con la que actúa el Acosador para agredir a su víctima, toda vez que el mismo actúa con inteligencia y sin dejar rastros de sus actividades, con la sola finalidad psicótica de su perversión. Es en este tipo de Acoso en donde la prueba testimonial perdería fuerza y en donde la prueba pericial se tornaría la más efectiva, con la intervención de un psicólogo preparado en la temática de Acoso, para entregar un buen diagnostico y así desenmascarar al acosador que tan habilidosamente ha engañado hasta entonces.

En el caso del *Mobbing*, la Cámara Nacional del Trabajo, Sala 6°, en el caso "Dentone, J. c/ Seguridad y Custodia s/despido", [37] ha manifestado que las circunstancias de Acoso son posibles en cualquier relación laboral, fundamentalmente por la convivencia diaria entre dependientes y directivos de la empresa dando lugar muchas veces a controversias jurídicas, ya que dichos actos acuciantes suceden en un ámbito privado que le infligen al acosado la tarea titánica de probar que fue sometido de forma real a un hostigamiento con carácter sexual.

---

[37] Dentone, Josefina v. Seguridad y Custodia SRL s/despido, Cámara Nacional del Trabajo, Sala 6°, sent. 53.965, 15/3/2001

Ante estos hechos, es válida la aptitud de cualquier medio idóneo de prueba, incluso el testimonio.

3.6.2 La Prueba Pericial Idónea

Adentrándonos en el análisis propuesto por la doctrina de la Dr. Babugia, M., (2018) respecto a una estrategia demostrativa de *Mobbing* Laboral en un juicio de dicha índole, el punto de interés aquí es la pericia con las que ha de procurarse como medio idóneo para la producción de prueba; dichos informes periciales tendrán como objetivo determinar si existe o no un caso de *Mobbing* o no y el estado de salud de la víctima.

Las pericias a llevarse a cabo son la pericia médica, la psicológica y la social; en donde la más esclarecedora seria la pericia social, toda vez que el fenómeno estudiado aquí posee un carácter social. Una vez que el perito social ha detectado que tipo de acoso se trata, deberá determinar también en qué fase de entorno se está desarrollando o se ha desarrollado. (Babugia, M., 2018)

Dicha autora seguida en este punto del estudio, cita en su obra el precedente de la Suprema Corte de Justicia de Mendoza, en el caso "Acevedo Cariglio, Claudia Graciela c/ Banco Suquía S.A."[38], en donde el Dr. Llorente, en el fallo se expreso en el mismo diciendo que:

> En mi criterio, las pruebas mencionadas son decisivas para la resolución del caso, porque en el *Mobbing* como causal de despido indirecto o como enfermedad profesional, es necesario demostrar el daño psicológico. Y debido a la naturaleza de la relación existente entre el trabajador (acosado) y el empleador (acosador o agresor), en muchas ocasiones le resultará muy difícil al trabajador acosado lograr producir la prueba testimonial -como aconteció en autos- porque el empleador, y sobre todo si pertenecen a la jerarquía de directivos se limitará a negar los hechos de acoso, a la vez que los compañeros de trabajo por temor a perder el empleo no colaborarán con la víctima. (párr. 39)

---

[38] Acevedo Cariglio, Claudia Graciela c/ Banco Suquía S.A., Suprema Corte de Justicia de la Provincia de Mendoza, 28/11/2007. Cita Online: AR/JUR/9079/2007

En el precedente citado, el alto Tribunal dio valor certero a los certificados médicos y sobre todo a la pericial, refutando el fallo de origen de Cámara; en contraposición a la tradición procesal que expresa que solo la prueba testimonial puede dar por sentado un caso de *Mobbing* en el ámbito del trabajo. (Babugia, M., 2018).

3.6.3 La Prueba Testimonial

La prueba testimonial debe versar sobre todo hecho que cae bajo las percepciones del testigo, esto es a través de sus sentidos, lo que percibió y escucho; esto parece lógico y así debe ser, pero también puede contener dicho testimonio, deducciones o conclusiones, juicios críticos y lógicos sobre sus hechos o sus relaciones con la víctima. Esto último permitirá extender el campo probatorio del *Mobbing* Laboral, pudiendo los testimonios imprimir apreciaciones vividas en los hechos nocivos para la víctima, toda vez que se trata de un flagelo silencioso y sutil. (Babugia, M., 2018)

Es procedente citar el fallo de la Cámara Nacional de Apelaciones del Trabajo, S. VIII, en el caso C., M. G. c/ Filomar Cristales S.A. s/despido[39], en el cual se comprobó a través de las pruebas testimoniales aportadas en el caso un constante maltrato por parte del Administrador de la empresa en contra del actor, consistente en un trato agresivo, violento y abusivo; profiriéndole insultos, llegando incluso a las amenazas por parte del accionado. En dicho caso comentado aquí, también se aporta la constancia esgrimida por el psicólogo N.R.S. que da cuenta del daño psicológico sufrido por parte del actor durante su relación laboral.

Otro caso jurisprudencial muy grafico referido a la prueba testimonial es el de la Cámara Primera del Trabajo de Mendoza en el caso M., E. M. c. Arcos Mendocinos S.A. y Ots. s/ enfermedad[40] accidente en el cual se da cuenta de la testimonial aportada por la actora en lo que se refiere a las horas extras que se le

---

[39] C., M. G. c. Filomar Cristales SA s/ despido, Cámara Nacional de Apelaciones del Trabajo, Sala VIII, 12/11/1018. Cita Online: AR/JUR/75585/2018

[40] M., E. M. c. Arcos Mendocinos S.A. y Ots. s/ enfermedad, Cámara Primera del Trabajo de Mendoza, 05/07/2018. Cita online: AR/JUR/45289/2018

imponía al trabajador, obligándolo a realizar tareas no acordes a su jerarquía, como así también sanciones injustificadas, incluso del testimonio de V. L. que tenía instrucciones de sus superiores de no recepcionarle los respectivos certificados medicos, hecho que a entendimiento del tribunal actuante, configura un Acoso Laboral. Aquí también se verifica el aporte del perito psicólogo y el perito psiquiatra designados que dan cuenta de una incapacidad de grados diferentes y que el juez al momento de dictar sentencia, en base a los informes estableció en un 22% de incapacidad del trabajador.

Es de entender que la prueba testimonial es importante al momento de elaborar una estrategia judicial en un caso de Acoso Laboral y que se tratara de testigos que tendrán miedo de las represalias que le podrían propender aportar hechos a la causa, ya que los mismos se encuentran trabajando en ese ambiente toxico de relación.

3.6.4 La Prueba Documental

La misma se torna efectiva al momento de acreditar el daño causado mediante los respectivos certificados médicos, historia clínica, tratamientos psicológicos, recetas de medicamentos; que darán cuenta del estado de salud del actor al momento del juicio. (Babugia, M., 2018)

También se considera prueba documental a todo aquel instrumento informático como un documento electrónico o correo electrónico que se encuentra en una computadora o memoria magnética, la cual podrá ser intervenida con la autorización judicial correspondiente, ya que su obtención de forma ilícita, la volvería ineficiente a los intereses de la causa. (Babugia, M., 2018)

Una estrategia valida, que si podrá encarar la victima de *Mobbing*; este en relación de dependencia o ya extinguida por cualquier causa, ante la pobreza probatoria documental, es emplazar al autor a que cese de dicha actitud; o si ya renuncio, que solicite la indemnización bajo apercibimiento de iniciar acciones legales que corresponda, especificando en la misma todos los hechos que estima encierran las actitudes acosantes. Esta misiva, no resultaría plena prueba, pero sería indiciaria para el juzgador, toda vez que el demandado se mantenga en silencio respecto de las afirmaciones esgrimidas. A esta última cuestión se recuerda lo que expresa el art. 57 de la L.C.T.:

> Intimaciones. Presunción: Constituirá presunción en contra del empleador su silencio ante la intimación hecha por el trabajador de modo fehaciente, relativa al cumplimiento o incumplimiento de las obligaciones derivadas del contrato de trabajo sea al tiempo de su formalización, ejecución, suspensión, reanudación, extinción o cualquier otra circunstancia que haga que se creen, modifiquen o extingan derechos derivados del mismo. A tal efecto dicho silencio deberá subsistir durante un plazo razonable el que nunca será inferior a dos (2) días hábiles.[41]

Por tal motivo, el intercambio epistolar sería fundamental como estrategia jurídica, para la valoración de indicios y con poco material probatorio, ya que la jurisprudencia y la doctrina coinciden en que acreditados dichas sospechas, será el demandado el que deberá dar prueba suficiente que no ocasionó dicha afectación subjetiva, aportando elementos objetivos sobre las medidas adoptadas (Babugia, M., 2018)

Por lo tanto se estrecha la cuestión a la realidad social, judicial y legislativa, al entender que a falta de regulación específica sobre el Acoso Laboral resulta de vital importancia la interpretación y valor de las pruebas traídas por las partes. Y como corolario de esto, la doctrina ha hecho un aporte fructífero al tratar la idea de solidaridad y colaboración de las partes en la etapa probatoria. Para demostrar la existencia de *Mobbing* Laboral debemos contar con prueba testimonial, certificado médico (psiquiátricos y psicológicos) que acrediten el mal aquejado por el damnificado Jaime, E., (2017)

3.6.5 El Daño psicológico como prueba distintiva del *Mobbing* Laboral

Puede resultar dificultoso probar un acto de acoso, máxime si consideramos que parece ser un proceso "silencioso" y sutil, que se realizan en ámbitos privados,

---

[41] Art. 57, Ley 20.744, Ley de Contrato de Trabajo, Recuperado de: http://www.notarfor.com.ar/ley/contrato-de-trabajo-argentina/articulo-57.php. Ultimo Ingreso: 29/05/2019

y las victimas afectadas callan por miedo a ser juzgados como problemáticos. (Babugia, M. 2018)

Por este motivo, respecto al daño moral, no habría inconvenientes en dar pruebas del mismo, bastara demostrar el hecho generador; pero en el daño psicológico tendremos que probar que efectivamente hay una enfermedad (González Pondal, I., 2011). Por este motivo la Dra. Zavala de Gonzales (citada por González Pondal, 2011) respecto al daño psicológico, conceptualiza que se refiere a: "...una perturbación patológica de la personalidad de la víctima que altera su equilibrio básico o agrava algún desequilibrio precedente" (párr. 1º).

A este respecto es importante recordar el fallo citado *up supra*, en la causa M., E. M. c. Arcos Mendocinos S.A. y Ots. s/ enfermedad, de la Cámara Primera del Trabajo de Mendoza[42], en el cual ambos peritos intervinientes (psicólogo y psiquiatra) dan cuenta de una incapacidad laboral, que el tribunal, luego de analizar ambos informes, lo determino en un 22% que le ocasionó la RVAN con trastorno depresivo al trabajador.

Por lo tanto, en palabras de González Pondal (2011) si se logra probar fehacientemente el acoso psicológico, el daño moral debe ser otorgado sin especiales probanzas, pero de no probarse dicho padecimiento psicológico, no procede dicho daño.

Será fundamental en este punto aclarar, que la labor del juzgador se centrara en interrelacionar las pruebas de la causa y apelar a los principios del derecho laboral ya que la diferencia de fuerzas entre el trabajador y el empleador harán que la víctima se encuentre en inferiores condiciones de producir prueba testimonial de los compañeros de trabajo.

Las pruebas guardaran intima relación con el objeto del litigio, y por tal, deberán estar bien enmarcada las patologías y el origen de las mismas. Es decir, (Babugia, M. 2018). "debe vislumbrarse primero ante que fenómeno nos encontramos, luego verificar las pruebas pertinentes y conducentes y después buscar el marco jurídico adecuado." (p. 55)

---

[42] M., E. M. c. Arcos Mendocinos S.A. y Ots. s/ enfermedad, Cámara Primera del Trabajo de Mendoza, 05/07/2018. Cita online: AR/JUR/45289/2018

Debe demostrarse que existe primeramente el elemento subjetivo por parte del acosador de querer o desear realizar el daño a la víctima; y el elemento objetivo que es traducir ese deseo de dañar en el mundo real. Estos elementos deberán estar conectados íntimamente por un nexo de causalidad adecuada (Babugia, M.; 2018)

Luego de todo lo expresado, la estrategia jurídica a tener en cuenta para iniciar una demanda por acoso laboral es primariamente, continuar con la relación laboral y analizar si los actos acuciantes encuadran dentro las previsiones del Art. 66 de la L.C.T., esto es si hubo cambio en los modos de ejecución en el contrato laboral, o por el contrario si los actos u omisiones caen bajo la órbita de la ley 23.592 antidiscriminatoria (Babugia, M.; 2018). Si de los hechos declarados por la victima, esta mantiene la intención de continuar con la relación laboral, solicitaremos la aplicación del 2º párr. del nuevo art. 66 y solicitar las medidas precautorias de no innovar y tratar de restablecer la situación laboral alterada; en este punto, si el empleador deja sin efecto las modificaciones denunciadas, continuará la relación laboral y por el contrario, si este mantiene dichas modificaciones, recién en este momento podrá colocarse en situación de despido indirecto y solicitar las indemnizaciones correspondientes a la L.C.T. (Grisolia, J. y Ahuad, E., 2009).

Si se ocasionaron daños psíquicos o en la salud, también se podrá accionar por daños y perjuicios conforme al Código Civil y Comercial de la Nación en su Art. 1724 y ss. tanto en la reparación subjetiva y objetiva de responsabilidades civiles.

En todos los actos descriptos cabria el reclamo por daño moral ante la comisión de los actos ilícitos cometidos por el empresario en ocasión de la relación laboral (Babugia, M.; 2018).

3.7 La prueba en el Abuso del *Ius Variandi*

Luego de haber analizado todo lo referido al *Ius Variandi* y su abuso en el capítulo II de la presente investigación, resta por agregar aquí, en lo que respecta a la actividad probatoria del mismo, cual es la actitud en la que puede colocarse el trabajador cuando se vea afectado en su desarrollo diario de trabajo, tomando como punto de partida la redacción del Art. 66 de la L.C.T., el cual determina que puede optar por dos vías procesales: considerarse despedido o solicitar se le restablezcan las condiciones de trabajo alteradas.

En el caso de Abuso de *Ius Variandi*, respecto a la carga probatoria, le corresponde al empleador justificar el uso del Ius Variandi en carácter funcional y que no altero aspectos esenciales del contrato de trabajo y al demandante le corresponderá probar que dicha medida le ocasionó un agravio material o moral importante alterando el principio de indemnidad. (Romualdi, E., 2019)

3.7.1 Despido Indirecto

Si el empleado se ve afectado en las condiciones esenciales del contrato de trabajo y que le generen perjuicios morales o económicos, puede considerarse despedido sin justa causa y accionar en contra de su empleador. En dicha instancia habrá que constituirlo en mora al empleador, mediante el uso del telegrama respectivo y bajo apercibimiento de considerarse gravemente injuriado. (Romualdi, E., 2019) Las descripciones de las alteraciones fundantes de la misma recaerán en los aspectos referidos a la irazonabilidad de la medida, la alteración en las condiciones estructurales del contrato laboral, la descripción del daño padecido, ya sea de carácter moral y/o económico o si se lo ha utilizado con el carácter disciplinario. Al empleador le corresponderá desarticular las afirmaciones vertidas en la demanda, explicando los motivos por los cuales se actuó de esa manera en la relación de trabajo.

Corresponde en este punto considerar algunos fallos jurisprudenciales que explicitan las afirmaciones descriptas *up supra*.

En el caso "Ruiz Suhr, Gonzalo c. Aerolíneas Argentinas s/juicio sumarísimo"[43] la Cámara Nacional de Apelaciones del Trabajo, Sala VII, en el cual, se dio lugar al actor en su demanda en base al abuso del principio contenido en el Art. 66 de la L.C.T., ya que el mismo había sido removido de su cargo en forma unilateral por la empresa demandada y porque fue de aplicación el principio de la carga dinámica de

---

[43] Ruiz Suhr, Gonzalo c. Aerolíneas Argentinas s/juicio sumarísimo; Cámara Nacional de Apelaciones del Trabajo, Sala VII, 20/09/2012; Cita Online: AR/JUR/55069/2012

la prueba para determinar la falta de fundamentos de la demanda ante la desvinculación de la accionante.

En el fallo, "R., C. J. R. c. V., C. d. C"[44]. y otro s/ ordinario – despido, la Cámara del Trabajo de Córdoba, Sala 4, unipersonal, en el cual se altero la jornada laboral del empleado, reduciendo de 12 a 8 horas diarias, le produjeron un perjuicio material al demandante ya que le producían una imposibilidad física realizar sus tares en horarios nocturno.

El fallo del caso "Iozzolino, Sabrina Florencia c/ Belt SA s/ despido"[45], de la Cámara Nacional de Apelaciones del Trabajo, Sala I, confirmó la sentencia apelada ya que el juez de grado concluyo que el cambio de lugar de trabajo de la actora era una modificación esencial del vinculo laboral, toda vez implico una rebaja salarial y desjerarquizacion de las tareas habituales de la actora.

3.7.2 Restablecimiento de las condiciones laborales alteradas

En este caso, la nueva redacción del art. 66 de la L.C.T. a partir de la reforma de la ley 26.088, considera que el trabajador, puede iniciar un juicio sumarísimo para restablecer las condiciones modificadas por el empleador; siempre y cuando teniendo en consideración las pautas procesales de cada distrito provincial. En este caso, también ha de constituirse en mora al empleador, mediante el telegrama respectivo con la intimación de iniciar las acciones legales pertinentes.

Como expliráramos también en puntos anteriores respecto a esta instancia, si el empleador deja sin efecto las modificaciones denunciadas, continuará la relación laboral y por el contrario, si este mantiene dichas modificaciones, recién en este momento podrá colocarse en situación de despido indirecto y solicitar las indemnizaciones correspondientes a la L.C.T. (Grisolia, J. y Ahuad, E., 2009).

La jurisprudencia también ha sido colaboradora respecto a la interpretación del punto aquí tratado, cito el fallo de la Cámara Nacional de Apelaciones del Trabajo, Sala X, en "Cappetta, Alejandro Martín y otros c. Telefónica de Argentina

---

[44] R., C. J. R. c. V., C. d. C. y otro s/ ordinario – despido; Cámara del Trabajo de Córdoba, Sala 4, Unipersonal, 20/04/2017; Cita Online: AR/JUR/37069/2017

[45] Iozzolino, Sabrina Florencia c/ Belt SA s/ despido; Cámara Nacional de Apelaciones del Trabajo, Sala I, 09/08/2018, Cita Online: AR/JUR/40160/2018

S.A."[46], que da cuenta que los damnificados iniciaron una acción laboral para que se les restablezcan las condiciones de trabajo, ya que su empleadora decidió de forma unilateral aplicar un convenio colectivo de trabajo en el cual modificaba la jornada laboral y el goce de vacaciones.

3.8   Conclusión Preliminar

En el presente capitulo se ha analizado la actividad probatoria como nudo principal para elaborar una estrategia procesal en los casos de *Mobbing* y en los casos de Abuso de *Ius Variandi*, ya que partiendo de nuestra tesis de investigación, no es correcto referirse a ambas figuras como sinónimos, tratando de buscar soluciones en los casos de Acoso laboral en base a las trasgresiones al Art. 66 de la L.C.T.

Se ha analizado como la Teoría de la Carga Dinámica de las Prueba viene en auxilio en aquellos casos en los cuales se presentan dificultades técnicas en la captación de todos los elementos probatorios que debamos colectar para el inicio de una demanda laboral, ya sea se trate de *Mobbing* o abuso del *Ius Variandi*. Será de vital importancia los tipos de medios probatorios contemplados como profesionales del derecho para estimar la mejor y más acabada prueba a ofrecer en el marco de un juicio laboral, sobre todo en la utilización de elementos digitales e informáticos actuales, como el uso de la computadora, correos electrónicos, videos de cámara de seguridad, aplicaciones de mensajería para celulares, etc.; que tampoco cuentan con una regulación legal que las contenga como elementos probatorios y en donde la doctrina y jurisprudencia también encuentran contradicciones respecto a su aplicación como medios probatorios.

La sana crítica racional, los principios procesales y el rol principal del juez como órgano directriz en la orientación del proceso laboral son de vital importancia en la aplicación de la Carga Dinámica de las Pruebas.

Es posible vislumbrar que ambas figuras se encuentran relacionadas íntimamente por aplicación del Art. 66 de la Ley de Contrato de Trabajo, hasta tanto

---

[46] Cappetta, Alejandro Martín y otros c. Telefónica de Argentina S.A., Cámara Nacional de Apelaciones del Trabajo, Sala X, 21/05/2010, Cita Online: AR/JUR/27792/2010

no se regule una ley especifica que contenga la figura del *Mobbing* Laboral de forma independiente.

Vemos también que la nota distintiva en un caso de *Mobbing* Laboral, el elemento probatorio que lo distingue es el daño psicológico, y el informe pericial será de vital interés a los efectos de determinar dicho fenómeno

Esto significa que para el inicio de una demanda por una u otra conducta, deberemos analizar qué tipo de daño se configura en la victima, si existen secuelas psicológicas presente y/o futuras, los que nos llevaría al reclamo por Acoso Laboral o por el contrario, si de las pruebas colectadas no es visible nítidamente un daño psicológico, deberemos bregar por una denuncia por Abuso de *Ius Variandi*, toda vez que se alteren los elementos objetivos esenciales del Contrato Laboral.

Podemos también advertir que las diferencias entre uno y otro son verdaderamente finitas en lo referente al marco jurídico probatorio, y como profesionales del derecho deberemos actuar con cautela para producir las pruebas pertinentes y efectivas para iniciar una demanda en uno u otro caso.

CONLUCIONES FINALES

Finalmente llegamos a la conclusión del presente trabajo obteniendo como resultado que la hipótesis de trabajo no se cumple, ya que ambas figuras son diferentes dentro de un mismo contexto, como es la violencia en el ámbito laboral; las diferencias surgen respecto a que campo de acción cubre o afectan cada una, el abuso del *Ius Variandi* comprenderá las afecciones objetivas del trabajador en tanto que el *Mobbing* Laboral vera su campo de aplicación en la faz subjetiva de esas afecciones. Por tal motivo, es incorrecto iniciar una demanda por abuso de *Ius Variandi* en reemplazo de un caso de *Mobbing* Laboral, ya que son disimiles y corresponde a cada legista contar con las habilidades necesarias distinguir ambas figuras y otorgarle un auxilio jurídico más adecuado a la victima de dichos actos.

En el capítulo 1º de la presente investigación se analizo todo lo referente a los casos de *Mobbing* en el ámbito del trabajo y cuáles son las consecuencias que atañen a sus prácticas dentro del ámbito laboral. Se analizó también como influye en el desarrollo de las relaciones laborales de forma negativa y que su consecuencia máxima en algunos casos han llegado a producir el suicido de la víctimas de Acoso Laboral. Se analizaron cuales son los sujetos que intervienen en la problemática y que tipos de Acoso Laboral reconoce la Doctrina y que implica cada una, como así también hemos desarrollado la controversias generadas respecto al tiempo de duración mínima de estos actos negativo y como responde la Doctrina y la Jurisprudencia respecto a esta característica. Por último nos hemos referido a sus consecuencias en lo psicológico y social, como conducta negativa padeciente del dependiente y el marco de legalidad insuficiente aún en nuestros días.

En el segundo capítulo hemos realizado la investigación del segundo elemento de nuestra hipótesis de trabajo, que fueren los casos de Abuso de *Ius Variandi* y cuál es el marco regulatorio contenido en la L.C.T. llegando a vislumbrar que la gran distinción respecto al *Mobbing* laboral se encuentra en el sujeto activo de las acciones, esto es la existencia de hostigador que a la luz del análisis necesitaría asistencia psicológica, en el caso de Acoso Laboral. Hemos distinguido también cuales son aquellos puntos de la relación laboral que si pueden ser modificados por el empleador y que no lc acarrean consecuencias jurídicas

Por último, en el capítulo tercero se analizaron las medidas de prueba que se podrán esbozar en uno y otro caso traídos a nuestro estudio. La Teoría de la Carga Dinámica de la Prueba se erige como la solución más acertada para la solución de controversias laborales y su construcción a partir de la Doctrina y Jurisprudencia. Y se analizaron las diferencias a tener en cuenta respecto de la producción de pruebas en ambos casos y que jurisprudencia es fundamental para los mismos. Se estableció como nota distintiva del *Mobbing* el daño psicológico resultante, padecido por la victima y la pericia correspondiente para determinarlo. Se vislumbra la necesidad de estudiar cada caso en concreto en conexidad con los medios probatorios con los que se cuentan o que son posibles de obtener por parte de la víctima en la colecta de las mismas, fundamentalmente por que encontraremos en la victima de *Mobbing* a una persona enferma y padeciente de un estrés extremo, producto de los actos sufridos en su ámbito de labores, que generalmente entiendo, lo padecido recién cuando este renuncio.

Será importante que los empleadores tomen conciencia de un flagelo que cada vez toma mayor notoriedad en el ámbito de las relaciones laborales y que atacarlo de manera prematura y efectiva es fructífero tanto para la empresa, como para el ambiente laboral en el cual se desenvuelven sus actividades, ya que podrán encontrar soluciones rápidas que se verán reflejados tanto en lo económico, reduciendo la rotación de personal, como el gasto innecesario de procesos laborales que podrían haberse evitado.

Es imprescindible que se regule el Acoso laboral, a fin de tener un marco jurídico regulatorio. Dicha regulación no solo deberá definir que es el *Mobbing* laboral, sino también todas las consecuencias jurídicas que ello implique. Será necesario, que exista por lo menos una ley que regule la actividad probatoria básica para encuadrar una demanda por *Mobbing* Laboral. Por este motivo es importante no perder de vista el estado actual del arte en materia de Acoso Laboral, ya que se analizaron aquí diversos proyectos de Ley que todavía no fueron sancionados, pero que de la insistencia de una sociedad por bregar por una solución definitiva a un hecho que a través del tiempo no tuvo solución hasta ahora, podremos ver en un futuro muy próximo una ley acorde a las necesidades actuales laborales

Deberá prestarse importancia, también, al rol de los sindicatos ante estas denuncias de los trabajadores, ya que en muchos casos, los mismos se colocan a favor del agresor, a modo de compensar su silencio ante el hostigamiento (Carriaga, Hugo R., 2016)

Es coherente enfatizar en un aspecto que no se ha tenido en cuenta hasta el momento respecto de los sujetos involucrados ante los hechos de Violencia Laboral y esto es la responsabilidad solidaria del empleador ante las omisiones o falta de involucramiento ante los hechos de Violencia Laboral en sus dependencias. La responsabilidad del empleador sin ser partícipe de hechos de agresivos entre sus empleados estaría dado por el elemento intencional perverso del *mobbing*, el empleador será responsable civilmente por el daño causado al trabajador inmerso en un ambiente laboral nocivo por los siguientes fundamentos: 1) ha obrado culposamente (en términos del art. 160 nuevo Codigo Civil y Comercial; art. 850 nuevo Codigo Civil y Comercial) al permitir dicho ambiente laboral nocivo e incumplir con el deber constitucional de garantizar condiciones de trabajo dignas[47] (CNAT, Sala II, 27/04/2012, "J., N.M. c/IconaSA y otro s/mobbing". *(art. 1113 Codigo Velez; art. 1753 nuevo Codigo Civil y Comercial; Art. 1763; Art. 1757; art. 1758) Art. 64/65 LCT. (art. 1109 codigo de velez; art. 160 nuevo Codigo Civil y Comercial; art. 850 nuevo Codigo Civil y Comercial));* 2) ha incumplido con la obligación legal de lograr la seguridad e higiene en el empleo[48] *(Conforme lo exigen los arts. 14bis CN, art. 75 LCT y 4 ap.1 de la ley 24.557)*, 3) no ha resguardado la integridad psicológica de sus trabajadores conforme el principio de buena fe[49] *(CNAT, Sala II, 16/2/2012, "R.F., P c/Citytech SA s/mobbing")* y deber genérico de seguridad; 4) el empleador por ser titular del poder de organización y dirección de la empresa debe responder por el hecho de sus dependientes (conforme lo prescribe la primera parte del art. 1113 del Código Civil)[50] *(CNAT, Sala I, 18/02/2013, "P., M.A. c/SA L.N. s/despido")*.

Por último, el *Mobbing*, comprende conductas ilícitas en el ámbito laboral, no solo el daño psicológico, sino también el físico o ambos a la vez, es por ello que los Profesionales del Derecho, se encuentran en la difícil tarea de llegar a probar dichos extremos, como puede ser un hostigamiento telefónico o la burla; sino también la jurisprudencia no ha ampliado sus criterios probatorios al ingreso de nuevas

---

[47] CNAT, Sala II, 27/04/2012, "J., N.M. c/IconaSA y otro s/mobbing". (art. 1113 Codigo Velez; art. 1753 nuevo Codigo Civil y Comercial; Art. 1763; Art. 1757; art. 1758) Art. 64/65 LCT. (art. 1109 codigo de velez; art. 160 nuevo Codigo Civil y Comercial; art. 850 nuevo Codigo Civil y Comercial)
[48] Conforme lo exigen los arts. 14bis CN, art. 75 LCT y 4 ap.1 de la ley 24.557
[49] CNAT, Sala II, 16/2/2012, "R.F., P c/Citytech SA s/mobbing".
[50] CNAT, Sala I, 18/02/2013, "P., M.A. c/SA L.N. s/despido"

actividades probatorias, como la utilización de la grabación de videos, en muchos casos son descalificadas por los tribunales laborales.(Carriaga, 2016).

BIBLIOGRAFIA

1. <u>DOCTRINA</u>

- ABAJO OLIVARES, Francisco Javier – CASAMAYOR, María L.; "*Mobbing y Resilencia. Las Victimas y su Recuperación*"; La Ley Online, 2007, Cita Online: 0003/013317. Ultimo Ingreso: 17/12/2018

- ACKERMAN, Mario E. (Director); Ley de Contrato de Trabajo Comentada; Tomo 1°; Segunda Edición; Ed. Rubinzal-Culsoni; (2017)

- ARECE, Mauricio Cesar; Presente y Futuro Derecho del Trabajo. Los Principios del Derecho del Trabajo. El principio protectorio procesal; XX CONGRESO

MUNDIAL DE DERECHO DEL TRABAJO Y DE LA SEGURIDAD SOCIAL; Santiago de Chile; 25 al 28 de setiembre de 2012.

- BARBADO, Patricia B., 2005, La Prueba del Acosos Psicológico en el Ámbito Laboral, recuperado de: http://www.justiniano.com/revista_doctrina/la_prueba_del_acoso.htm, Ultimo Ingreso: 30/05/2018.

- BABUGIA, Marinés Dolores, La Prueba en el Acoso Laboral, Reimpresión, Editorial B de F, Buenos Aires, 2018.

- BUSTAMANTE CASAS, María Cecilia, 2008, El *Mobbing Laboral*, Recuperado de http://www.saij.gob.ar/maria-cecilia-bustamante-casas-mobbing-laboral-dacc080115-2008-12/123456789-0abc-defg5110-80ccanirtcod, Último ingreso: 30/05/2018

- CARRIAGA, Hugo R., La Prueba en el *Mobbing*, Microjuris.com, 2016, Cita Online: MJ-DOC-10345-AR | MJD10345.

- CARRO, ALFONSO; El Ius Variandi y los derechos adquiridos por el trabajador; 2013. Texto recuperado de: https://www.crhoy.com/archivo/el-ius-variandi-y-los-derechos-adquiridos-por-el-trabajador/

- CERVILLANA GARZON, María José (Coordinadora); El Derecho Del Trabajo y La Seguridad Social En La Encrucijada: Retos Para La Disciplina Laboral; 1° Edición; Ediciones Laborum S.L.; España; 2015; Pág. 309 a 329.

- CORTEZ GONZALES, Jaime, ALVAREZ CISNEROS, Sonia del Carmen, Manual de Redacción de Tesis Jurídicas/ Jaime Cortez González y Sonia del Carmen Álvarez Cisneros, 1° ed., México: Amante (2017)

- DATTOLI, Daiana A., Laboral. El Ejercicio del *Ius Variandi*, 2019, Texto recuperado de: http://www.utsupra.com/php/index2.php?id=A00387940040&base=articulos_lab, Ultimo ingreso: 02/05/2019

- DE DIEGO, Julián A., La carga de la Prueba Dinámica en un despido por discriminación arbitraria, 2011, Recuperado de: http://newsletter.adimra.org.ar/files/gMz6ooea/Informe%20General%20de%20Diego.pdf. Ultimo Ingreso: 27/10/2018

- GABET, Emiliano A., Carga de la Prueba de un Despido Discriminatorio, Editorial La Ley Online; 2012; Cita Online: AR/DOC/2411/2012

- GARCIA-ALLEN, Jonathan, s. f., Los 6 Tipos de *Mobbing* o Acoso Laboral, Recuperado de: https://psicologiaymente.net/organizaciones/tipos-de-mobbing-acoso-laboral, Ultimo Ingreso: 30/05/2018

- GONZALES PONDAL, Tomas Ignacio, *Mobbing:* Acoso Psicológico Laboral, Editorial La Ley Online, 2011, Cita Online: AR/DOC/2324/2011

- GONZALEZ, Verónica Irati, Legislación Argentina sobre violencia Laboral en Organismos Estatales, Revista Anales de la Facultad de Ciencias Jurídicas y Sociales, UNLP, Año 2014 / N° 47 – 2017, Págs. 812 – 832

- GRISOLIA, Julio A., Manual de Derecho Laboral, edición 2016, revisada y actualizada, p. 329, Ed. Abeledo-Perrot, Buenos Aires, 2016. Citado en JAIMES, Enzo D., Diferencias y Similitudes de abuso del Ius Variandi y Mobbing Laboral, Editorial La Ley Online, (2017), Cita Online: AP/DOC/339/2017

- GRISOLIA, Julio A. y Ahuad, E., Ley de Contrato de Trabajo Comentada, 2da. Edición, Editorial Estudio, Buenos Aires, 2009

- JAIMES, Enzo D., Diferencias y Similitudes de abuso del Ius Variandi y Mobbing Laboral, Editorial La Ley Online, 2017, Cita Online: AP/DOC/339/2017

- MAC DONALD, Andrea Fabiana, 2008, El Mobbing o Acoso Moral en el Derecho Laboral, Recuperado de: http://www.saij.gob.ar/doctrina/dacf080081-mac_donald-mobbing_acoso_moral_en.htm, Ultimo Ingreso: 30/05/2018.

- MANGARELLI, Cristina, Derechos del Empleador en la Organización y Dirección de la Empresa, y Límites, Editorial La Ley Online, 2014, Cita Online: AR/DOC/4524/2013.

- MIROLO, René R., Curso de Derecho del Trabajo y de la Seguridad Social – Tomos 1 y 2, Advocatus, Córdoba, 2003.

- MUÑOZ BARDA, Guillermina, *Mobbing*. El acoso psicológico en el derecho laboral. Editorial La Ley Online, 2014, Cita Online: AR/DOC/1054/2014.

- PAWLOWSKI de Pose, Amanda L.; El Régimen de Cargas Probatorias Dinámicas en los Siniestros Laborales; Editorial La Ley Online; 2017; Cita Online: AR/DOC/1610/2017

- PIÑUEL, Iñaki, Mobbing (Manual de autoayuda para superar el acoso psicológico en el trabajo), Aguilar, 2003.

- PIÑUEL, Iñaki, El Mobbing o Acoso Psicológico en el Trabajo, Editorial La Ley Online, 2005, Cita Online: 0003/011228

- RAMALLO, Fernando D., PAOLONI, Lucas y NOBLE, Horacio M., *Mobbing*: Dificultades Ante la Falta de una Regulación Laboral Especifica, Editorial La Ley Online, (2017), Cita Online: RDLSS 2018-2, p. 109

- RIANCHO, Claudio M. (Prosecretario), PRIORE, Claudia A., Cámara Nacional de Apelaciones Del Trabajo, Boletín Temático de Jurisprudencia, Violencia Laboral, Oficina de Jurisprudencia, Ciudad Autónoma de Buenos Aires, 2013, p. 1 a 32.

- ROMERO, Analía V., Distribución de la carga probatoria y cargas probatorias dinámicas (art. 1735 del C. C y Comercial), Asociación de Magistrados y Funcionarios de la Justicia Nacional, Revista Jurídica N°3, Agosto 2018, Recuperado de: http://www.amfjn.org.ar/2018/08/03/distribucion-de-la-carga-probatoria-y-cargas-probatorias-dinamicas-art-1735-del-c-c-y-comercial/. Último Ingreso: 17/05/2019.

- ROMUALDI, Emilio E., El Denominado *Ius Variandi* y sus Cargas Procesales, Editorial La Ley Online, 2019, Cita Online: AR/DOC/1064/2019

- SACHET, Osvaldo H., Algunas reflexiones sobre la Nueva Regulación del Derecho del Trabajador frente al Ejercicio Abusivo del *Ius Variandi* por parte del Empleador; Univ. Nac. del Centro; p. 1; 2007; Recuperado de: www.cartapacio.edu.ar/ojs/index.php/ctp/article/download/998/870. Ultimo Ingreso: 18/12/2018

- SANCHEZ-RODAS NAVARRO, Cristina y GARRIDO PEREZ, Eva (Directoras), CHOCRON GIRALDES, Ana María, RAMIREZ BENDALA, María Dolores, SIERRA BENITEZ, E. Macarena y CERVILLANA GARZON, María José (Coordinadoras); El Derecho Del Trabajo y La Seguridad Social En La Encrucijada: Retos Para La Disciplina Laboral; 1° Edición; Ediciones Laborum S.L.; España; 2015; p. 309 a 329.

- VARELA, Osvaldo, DE LA IGLESIA, Matilde, CAPUTO, Marcelo, El Acoso Laboral – Su Peritación, Anuario de Investigaciones, vol. XVIII, 2011, pp. 441-446, Universidad de Buenos Aires, Recuperado de: http://www.redalyc.org/articulo.oa?id=369139947048, Ultimo Ingreso: 30/05/2018

- YERRO, Ester, 2017, ¿Qué es el *Mobbing* o Acoso Laboral?, Recuperado de: http://blog.infoempleo.com/a/mobbing-acoso-laboral/, Ultimo Ingreso: 30/05/2018

2. **LEGISLACION**

- Constitución Nacional Argentina

- Ley 26.994, Código Civil y Comercial

- Ley 23.592, Anti discriminatoria

- Ley 20.744, Ley de Contrato de Trabajo

- Ley 26.485 de Protección Integral a las Mujeres.

- Ley 1225 de Violencia en el ámbito laboral del sector publico de la Ciudad Autónoma de Buenos Aires.

- Ley 13.168 de la Prov. de Buenos Aires de violencia laboral en el sector de la Administración Pública Provincial.

- Ley 5.349 de Violencia Laboral en el ámbito de la Administración Pública de la Provincia de Jujuy

- Constitución de la Provincia de Corrientes, Art. 28, párr. 2°

- Ley 9671 de Entre Ríos de Violencia Laboral

- Ley 4.118 de la Provincia de Misiones.

- Ley 7.939 de la Provincia de San Juan.

- Ley I-0678-2009 de San Luis.

- Ley 12.432 de la Provincia de Santa Fe.

- Ley 7.232 de la Provincia de Tucumán.

- Art. 64, Ley 20.744 de Contrato de Trabajo, Recuperado de: http://www.notarfor.com.ar/ley/contrato-de-trabajo-argentina/articulo-64.php. Ultimo Ingreso: 03/05/2019.

- Art. 57, Ley 20.744, Ley de Contrato de Trabajo, Recuperado de: http://www.notarfor.com.ar/ley/contrato-de-trabajo-argentina/articulo-57.php. Ultimo Ingreso: 29/05/2019

- Art. 1735, Código Civil y Comercial de la Nación, Recuperado de: http://www.notarfor.com.ar/codigo-civil-comercial-unificado/articulo-1735.php. Ultimo ingreso: 17/05/219

- Proyecto Expediente N°2146-D-2006 HCD

- Proyecto Expediente N°2755-D-2006 HCD

- Proyecto Expediente N°2857-D-2006 HCD

- Proyecto Expediente N°2910-D-2006 HCD

- Proyecto Expediente N°0296-D-2006 HCD

- Proyecto Expediente N°6837-D-2014 HCD

- Proyecto Expediente N°1688-D-2017 HCD

- Proyecto Expediente N°1590-D-2017 HCD

- Proyecto Expediente N°5741-D-2017 HCD

- Proyecto Expediente N°1958-D-2018 HCD

3. JURISPRUDENCIA

- Acevedo Cariglio, Claudia Graciela c/ Banco Suquía S.A., Suprema Corte de Justicia de la Provincia de Mendoza, 28/11/2007. Cita Online: AR/JUR/9079/2007

- B. V., C. G. c. Soluciones Agrícolas SA y otros s/ despido, Cámara Nacional de Apelaciones del Trabajo, Sala II, 2016. Cita Online: AR/JUR/63822/2016

- CNTRAB, Sala VI, en autos "Navarro Nora Noemí c/ Obra Social de Docentes Particulares s/ despido" (28/06/2013)

- Cappetta, Alejandro Martín y otros c. Telefónica de Argentina S.A., Cámara Nacional de Apelaciones del Trabajo, Sala X, 21/05/2010, Cita Online: AR/JUR/27792/2010

- Chacrán, Adrián Jorge c. Arcos Mendocinos S.A., Cámara 4° del Trabajo de Mendoza, 2009, Cita Online: AR/JUR/47100/2009

- C., M. G. c. Filomar Cristales SA s/ despido, Cámara Nacional de Apelaciones del Trabajo, Sala VIII, 12/11/1018. Cita Online: AR/JUR/75585/2018

- Dentone, Josefina v. Seguridad y Custodia SRL s/despido, Cámara Nacional del Trabajo, Sala 6°, sent. 53.965, 15/3/2001
- Dufey, Rosario Beatriz v. Entretenimiento Patagonia SA", Sup. Trib. Just. Río Negro, 6/4/2005, Cita Online: AR/JUR/1496/2005
- Flechter, Marcelo Alejandro c. Administración Federal de Ingresos Públicos [AFIP] s/juicio sumarísimo, C. Nac. Trab., sala 3ª, 30/11/2011, Boletín de Jurisprudencia de la C. Nac. Trab., RC J 1149/2012
- García, Alberto Oscar c. Nestlé Argentina S.A. s/despido, Cámara Nacional de Apelaciones del Trabajo, Sala II, 18/12/2007, Cita Online: AR/JUR/9702/2007
- Givone, Julieta Belén c. Aguas Danone Argentina S.A., Cámara Nacional de Apelaciones del Trabajo, Sala VII; 29/04/2009. Cita online: AR/JUR/12781/2009
- H., Y. A. c. Telecom Argentina S.A. s/ despido, Cámara Nacional de Apelaciones del Trabajo, Sala I, 31/05/2017. Cita Online: AR/JUR/38529/2017
- Iozzolino, Sabrina Florencia c/ Belt SA s/ despido; Cámara Nacional de Apelaciones del Trabajo, Sala I, 09/08/2018, Cita Online: AR/JUR/40160/2018
- L., D. A. y otros c. El Rápido Argentino S.A. s/sumarísimo; CÁMARA NACIONAL DE APELACIONES DEL TRABAJO, Sala VII; Editorial La Ley Online; 13/09/2011; Cita Online: AR/JUR/57123/2011
- Llambir, María Elsa c/Aguas Cordobesas S.A., Cám. Laboral de Córdoba, sala X, 11/11/2004
- M., E. M. c. Arcos Mendocinos S.A. y Ots. s/ enfermedad, Cámara Primera del Trabajo de Mendoza, 05/07/2018. Cita online: AR/JUR/45289/2018
- Pellicori, Liliana Silvia c/ Colegio Público de Abogados de la Capital Federal; C.S.J.N.; 15/11/2011; Fallo: 334:1387; Cita Online: AR/JUR/68958/2011
- Pereyra, Juan Ramón y otros v. Alicorp Argentina SCA s/acción sumarísima, Trib. Trab. La Matanza, nro. 1, 4/12/2013 Expte. 11574.
- Pelozo, Lidia c. Cleanco S.A., Cámara Nacional de Apelaciones del Trabajo, Sala II, 18/07/1997, Cita Online: AR/JUR/5963/1997
- R., C. J. R. c. V., C. d. C. y otro s/ ordinario – despido, Cámara del Trabajo de Córdoba, Sala 4° Unipersonal, 20/04/2017. Cita Online: AR/JUR/37069/2017

- R., F. c/Cablevisión SA s/ despido; Cámara Nacional de Apelaciones del Trabajo, Sala II, 12/10/2007, Cita Online: AR/JUR/7450/2007
- Rigo, Graciela c/ Activa AFJP SA s/ despido, Cámara Nacional de Apelaciones del Trabajo, Sala II, 09/10/1998, Cita Online: 70005974
- Ruiz Suhr, Gonzalo c. Aerolíneas Argentinas s/juicio sumarísimo; Cámara Nacional de Apelaciones del Trabajo, Sala VII, 20/09/2012; Cita Online: AR/JUR/55069/2012

4. PAGINAS WEB

- CARRO, Alfonso, El Ius Variandi y los derechos adquiridos por el Trabajador, 2013, https://www.crhoy.com/archivo/el-ius-variandi-y-los-derechos-adquiridos-por-el-trabajador/, Ultimo Ingreso: 30/05/2018.

- CRONISTA.COM, Facultad del Empleador de Modificar las Formas y Modalidades del Trabajo, 2006, Recuperado de: https://www.cronista.com/impresageneral/Facultad-del-empleador-de-modificar-las-formas-y-modalidades-del-trabajo-20060612-0062.html, Ultimo Ingreso: 30/05/2018

- ELE-VE.COM.AR, ¿Qué es el Ius Variandi?, 2008, Recuperado de: http://www.ele-ve.com.ar/Que-es-el-Ius-Variandi.html, Ultimo Ingreso: 30/05/2018.

- ESTRESLABORAL.INFO, El Acoso Laboral o Mobbing, s.f., Recuperado de: http://www.estreslaboral.info/acoso-laboral.html. Ultimo ingreso: 03/06/2018.

- ESTUDIO JURIDICO VILAPLANA, Acoso Laboral o Mobbing, s. f., Recuperado de: http://www.estudiovilaplana.com.ar/acoso-laboral/, Ultimo Ingreso: 30/05/2018

- FUNDESI.COM.AR; La Carga Dinámica de la Prueba y los deberes del Juez; 2016; Recuperado de: http://fundesi.com.ar/la-carga-dinamica-de-la-prueba-y-los/, Ultimo Ingreso: 28/10/2018.

- LEGAL.COM.AR, *Mobbing* o Acoso Moral al Trabajador: lo que dice la normativa legal Argentina, s.f., Recuperado de: https://www.legal.com.ar/notas/mobbing-o-acoso-moral-al-trabajador-lo-que-dice-la-normativa-legal-argentina, Ultimo Ingreso: 20/05/2018.

- PSICOACTIVA.COM, Psicoterror laboral y *Mobbing*, en qué consisten, s.f. Recuperado de: https://www.psicoactiva.com/blog/psicoterror-laboral/, Ultimo Ingreso: 29/04/2019.

- IPROFESIONAL.COM, Modificación unilateral de las condiciones de trabajo: que establece el "*Ius Variandi*", 2018, Recuperado de: https://www.iprofesional.com/legales/275677-ley-jornada-contrato-Modificacion-unilateral-de-las-condiciones-de-trabajo-que-establece-el-ius-variandi, Ultimo Ingreso: 03/05/2019.

www.ingramcontent.com/pod-product-compliance
Lightning Source LLC
Chambersburg PA
CBHW060436220526
45465CB00008B/3162